JN409485

눈 위에 핀 산수유

눈 위에 핀 산수유

박선숙 수필집

수필과비평사

■ 작가의 말

늘 경이로운 잠언시를 지어주는 자연 속에 살면서 그 섭리를 노래하고 싶습니다. 제 글의 궁극적인 지향도 그것을 향합니다. 제가 쏟아낸 언어들이 새로운 의미를 담아 나비가 되고 꽃이 되며 새처럼 비상하기를 소망합니다.

그렇지만 여기 담아내는 언어의 항아리는 초라합니다. 글을 쓸 때마다 제 영혼의 가난함과 맞닥뜨리기 때문입니다. 글을 쓰려고 책상 앞에 앉으면 친구처럼 머물던 많은 말들이 저 멀리 가 버리는 바람에 깊은 밤 잠 못 이룬 적이 많았습니다. 풀리지 않는 언어의 실타래 앞에서 가슴앓이하며 빈 화면 앞에 앉아 외로움에 떨기도 합니다. 하지만 또다시 자판을 두드립니다. 그러다 어두운 밤 창문을 열고 밤하늘을 바라봅니다. 먼 곳에 있는 달과 별들은 언어의 미로에 갇혀 헤매는 제게 환한 길을 비춰줍니다. 그 친구들이 애써 보내주는 격려의 빛으로 가난한 글밭을 가꾸어 보았습니다.

글을 쓰는 일은 쉽지 않은 일이지만 온전히 제 안에 머무는 시간이었습니다. 꿈을 꾸며 끊임없이 미지의 세계를 향해 떠나는 혼자만의 고독한 여행길이기도 합니다. 하늘의 별들, 흘러가는 구름, 대지 위 온갖 생명들의 합창, 그 사이를 오가는 자유로운 바람결, 노래하는 새들, 푸른 바다, 아름다운 노을 그리고 빛나는 태양, 오묘한 선율과 예술작품, 이 모든 것들이 저를 언제나 설레게 합니다. 그들이 제 곁에 있기 때문에 기쁨과 행복 그리고 사랑이 아름답게 피어납니다. 사랑 안에 머물 수 있다는 것은 제가 이 지상에서 살아갈 수 있는 가장 큰 이유입니다.

수필집을 준비하면서 많이 망설였습니다. 저의 속마음을 다 드러내놓는 것 같아 부끄럽기도 하고, 수필로서 과연 가치 있는 글이 될 수 있을지에 대한 의문이 꼬리를 물었기 때문입니다. 그럼에도 불구하고 용기를 내었습니다.

사랑하는 사람들에게 그리운 마음을 띄어 보냅니다. 그동안 가꾸어온 작은 글밭에서 잠시라도 머물며 쉼의 시간이 되시기를 소망해 봅니다.

제 글이 세상에 나올 수 있도록 지도해 주신 김상태 교수님, 수필과 비평 편집위원님들, 수필집 준비가 순항하도록 기도해준 가족들, 그리고 늘 앞으로 나아갈 용기와 사랑이 담긴 격려를 아끼지 않았던 문우님들께도 감사의 마음을 전합니다.

2017년 봄날에

박선숙

CONTENTS

박선숙 수필집
눈 위에 핀 산수유

2부

여름 사랑

3부

가을 사랑

4부

겨울 사랑

1부
봄 사랑

눈 위에 핀 산수유/ 이삿날의 단상/ 내 마음의 정원
카톡 카톡/ 봄이 오는 소리/ 함박웃음
청평사 가는 길/ 미늘/ 봄내 가득한 봄내[春川]
캘리그래피에 빠지다/ 봄날의 문학기행

눈 위에 핀 산수유

봄이 오려면 아직 먼 것일까. 정원엔 아직도 군데군데 녹지 않은 눈이 쌓여 있다. 나신의 몸으로 서 있는 나무들이 조금은 추워 보인다. 사시사철 푸른 정기를 내뿜는 소나무만 건재할 뿐. 그런데 오늘은 그 옆 산수유 나뭇가지 위에 무언가 새로운 것이 돋아 있다.

하루라도 빨리 봄소식을 전하고 싶어 버선발로 뛰어온 것일까. 가지마다 작은 꽃망울들이 몽글거리며 앉아 있다. 아직은 나뭇결 같은 색으로 단단하게 싸여 있지만 머지않아 봉오리들은 꽃잎을 열어 노오란 꽃을 활짝 피우리라.

따스한 봄날이다. 그 신비로운 순간을 맞이하기 위해 친구와 함께 이천에 있는 산수유 마을로 달려갔다. 마을 입구부터 산수유 가로

수가 우리를 맞는다. 온 동네가 조용하고 평화롭다. 산책하는 내 가슴도 안단테 리듬이다. 예전부터 산수유를 심었던 것일까. 느티나무같이 오래된 산수유가 많았다. 아직 잎이 나지 않은 산수유 가지에 꽃송이들이 가득 매달려 있다. 산기슭에는 군락을 이루고 있어 마을이 온통 노란 꽃동산 같다. 동네 사람들의 가슴은 늘 꽃처럼 환한 마음일 것 같다는 생각을 해본다.

내 마음과 사진기에 열심히 꽃을 담고 있을 때였다. 카메라를 멘 한 남자가 다가와 묻는다.

"혹시, 박선숙 씨 맞습니까?"

"네, 그런데요…."

"기억하겠니? 나 해운국민학교 정한길이야."

순간, 그의 어렸을 적 모습이 빠르게 스쳤다. 얼굴엔 세월이 묻어 있었지만 국민학생 때의 윤곽이 그대로 남아 있었다. 원숙함과 여유, 그리고 따뜻함이 느껴진다. 너무 오랜만이라 처음엔 다소 서먹서먹했지만 옛 동창과의 만남은 시계추를 되돌려 놓은 듯했다. 우리는 근처 찻집으로 향했다. 코흘리개 학창 시절로 돌아가 시간 가는 줄 모르고 이야기꽃을 피웠다. 그가 산수를 잘 못해 나머지반이 되었다는 이야기, 짝꿍인 나의 도움으로 나머지반을 벗어난 기쁨, 함께 걸었던 동네 풍경 이야기, 소식이 닿는 친구들의 근황으로 모처럼 동심으로 돌아가 많이 웃었다.

그는 얼마 전부터 사진 찍는 취미를 갖게 되었단다. 은퇴 후 카메라 하나 걸치고 아름다운 자연을 담으며 자유롭게 지내고 있다고 한다. 산과 들, 출렁이는 바다를 바라보는 일이야말로 자유를 마음 놓고 즐기는 소중한 시간이 되고 있다고 한다. 그의 눈빛도 그렇게 말하고 있었다.

먼 산을 바라보는 그의 눈동자에 보일 듯 말 듯 이슬이 맺히는 것을 볼 수 있었다. 이곳을 가끔 찾아오는 이유는 아버지에 대한 그리움 때문이란다. 당신 혼자 아들 하나 키우시느라 사업에 너무 골몰한 나머지 큰 병을 얻으셨다고 한다. 신장 투석을 받으셔야 할 정도로 위중한 상태였으나 마지막 순간까지도 고통을 참아내시며 자식의 성공을 비셨던 분이라고 했다. 창밖에 흐드러진 산수유를 바라보는 그의 코끝은 어느새 빨갛게 물들여졌다.

이른 봄 눈 위에서도 꽃망울을 내미는 산수유를 그의 아버지는 무척 좋아하셨단다. 병원에 누워계실 때 창문 밖 산수유를 바라보는 것이 유일한 낙이셨다. 그는 아버지와 함께 그 꽃을 바라보았던 순간을 아직도 잊지 못한다고 한다. 그래서 해마다 사람들이 북적이는 '산수유 축제' 기간이 시작되기 전에 이곳을 찾는다고 했다.

차를 한 모금 마시며 창밖을 바라보았다. 모진 바람에도 끄떡없을 것같이 단단해 보이는 꽃망울들. 한 송이 아름다운 꽃으로 피어나기 위해 얼마나 긴 인고의 시간을 보내야 했던가. 따스한 봄날을 기다리며 생명의 고귀함과 순수함을 피워내려 안간힘을 다하고 있는 모습은 우리네 삶을 많이 닮았다. 마치 흙탕물 위에서도 고운 꽃을 피워 올리는 연꽃처럼. 남모를 고통을 감수하며 홀로 어려움을 극복해내는 사람들이 있다. 찬란히 빛나는 순간에 그들은 한 송이 꽃이 된다.

산수유는 꽃을 피우는 과정이 참 신비롭다. 가지 끝에 봉긋하게 달려 있던 꽃봉오리들은 세 차례에 걸쳐 꽃이 핀다. 추운 겨울 꼭꼭 싸매고 있다가 닫힌 마음을 열듯 봄볕에 조금씩 봉오리를 연다. 단단했던 망울이 열리면 폭죽이 터지듯 갑자기 환하게 펼쳐진다. 꽃송이들이 바글바글한 노란 꽃바구니가 된다. 마지막으로 작은 꽃송이에서 수술이 밖으로 얼굴을 내밀면 별을 닮은 꽃이 된다. 꽃으로 받은 봄의 첫 선물. 우리네 얼굴도 덩달아 꽃을 닮아간다.

산수유 꽃말은 '영원불변의 사랑'이란다. 꽃 위에 꽃을 피우며 영원한 사랑을 노래하는 것 같다. 모든 게 다 변할 수밖에 없는 세상에 그 가녀린 몸으로 변하지 않는 사랑을 이루고 싶었나 보다. 꽃송이들이 유난히 예쁘다. 크고 작은 원을 그리며 날고 있던 작은 새들도 가지에 앉아 노래를 한다. 봄이 다 가도록 그들의 사랑 이야기에 귀를 열어두어야겠다.

어느 작가가 산수유는 '나무가 꾸는 꿈'이라고 했다. 청운의 푸른 꿈이 아니더라도 아담한 꽃 꿈을 꾼다. 새봄엔 꽃마차에 희망 가득한 봄소식이 실려 오겠지. 봄이 되면 예쁜 꽃으로 피어나고 가을이 되면 붉디붉은 열매를 맺는 산수유처럼, 내 삶의 뜨락에도 예쁘고 고운 꽃이 피기를 간절히 소망한다.

이삿날의 단상

오전 일곱 시. "딩동딩동!" 분주한 하루의 시작을 알리듯 초인종 소리가 요란하게 울린다. 이른 아침 우리 집의 고요를 깨트린다. 이삿짐 회사 직원들이 도착했다.

헤어지고 싶지 않은 사람과의 이별처럼 난 이 아파트를 떠나고 싶지 않다. 그동안 정도 들었지만 더 큰 이유는 전망이 아름답기 때문이다. 이곳을 선택한 첫 번째 이유도 베란다 창가에 비춰지는 풍광이 그림 같아서였다. 바다를 좋아하는 내게 소양강은 바다가 되어 주었고, 강 건너 학을 닮은 봉의산은 계절마다 옷을 갈아입는 승경의 사계를 보여주었다. 그간 이곳에서 조용히 살 수 있어 행복했다.

이사를 할 때면 어쩔 수 없이 타인의 손에 세간들이 맡겨진다. 잘 정돈된 살림살이가 제자리를 벗어나기 시작했다. 집안 구석마다 자리를 차지하고 있던 물건들이 수줍은 듯 주춤거리며 밖으로 끌려 나온다. 장롱에서 잠자던 옷가지, 부엌의 그릇들, 거실의 소품들이 모두 쏟아져 나온다. 숨기고 싶은 것들마저 여기저기서 제멋대로 꺼내지고 던져지고 쌓여 간다.

세 시간에 걸친 작업 끝에 이삿짐이 모두 차에 실렸다. 정들었던 아파트를 둘러본다. 지금 이곳을 떠나면 영영 다시 돌아올 수 없다는 것을 알기에 아쉬움으로 꾸물거린다. 여기저기 묻어 있는 일상의 흔적들이 내 발걸음을 붙잡지만 어쩔 수 없다.

우리가 달리는 고속도로는 의외로 한산했다. 짐을 가득 실은 네모난 빨간 차의 지붕 위로 쏟아지는 햇살이 눈부시다. 바람 한 점 없다. 평화로운 삼월의 행진이다. 새로운 곳에서 새 삶을 시작해야 하는 두려움보다는 살림살이 가득한 차 한 구석엔 새로운 정착지를 향한 기대로 가슴 일렁이는 설렘도 함께 싣고 간다. 오늘 같은 봄날, 대로를 달리듯 다가오는 미래의 삶도 순탄한 날들이기를 바라본다.

이삿짐을 포장할 때만 해도 모든 물건들은 그나마 잘 정리된 채 상자에 넣었다. 하지만 작은 집으로 이사하는 바람에 많은 짐들이 제자리를 찾지 못한 채 각기 이산가족이 되었다. 새집의 장롱이나

책장 부엌에 넣어야 할 것들이 마구 섞여 있었다. 게다가 이삿짐 회사 직원들은 갈 길이 멀다는 핑계로 대충대충 정리하다 말고 떠나 버린다. 무질서하게 흩어져 있는 세간을 바라보니 마음이 무겁다.

짐을 정리하던 중 물건들마다 처음 만났던 순간들이 새록새록 떠오른다. 필요해서 사기도 했지만 오히려 마음에 끌려 곁에 두려고 산 것이 더 많다. 집을 아름답게 꾸미고 싶은 마음에 소품과 그림을 하나 둘 장만했다. 서점에 들러 책을 한 권 사면 며칠 동안 부자가 된 듯 기뻐서 춤을 추기도 했고, 마음에 드는 화분을 사면 계절 내내 마냥 행복했다. 그것들은 한때나마 내 마음과 영혼을 풍요롭게 했다.

부엌에서 사용하는 그릇들도 만만치 않다. 신혼시절 전문요리사라도 되려는 듯 요리기구, 다양한 상차림을 위한 그릇 세트, 분위기를 위한 와인 잔과 찻잔, 꽃무늬가 그려진 접시 등을 사들였다. 그중 대부분은 지금 찬장에서 차곡차곡 포개진 채 잠자고 있다. 모두 욕심이었다.

이삿짐보다 더 중요한 것은 마음 정리라는 생각이 든다. 쌓여 가는 살림 도구로 인해 마음결이 더 복잡해졌는지도 모른다. 법정 스님은 〈무소유〉에서 "우리들이 필요에 의해서 물건을 갖게 되지만 때로는 그 물건 때문에 적잖이 마음이 쓰이게 된다. 무엇인가를 갖는다는 것은 다른 한편 무언가에 얽매인다는 것이다."라고 했다. 이제는 물질뿐만 아니라 마음속에 쌓여 있는 욕심도 하나씩 정리하고 비우며 버려야 할 것 같다. 많은 것을 끌어안고 전전긍긍하다 보면 오히려 더 소중한 가치들을 잃고 말 테니까. 소유욕으로 가득 찬 내면은 우리 삶에 정작 중요한 것이 무엇인지 깨달을 수 있는 마음의 여백이 부족하기 때문이다.

창문을 열어본다. 화사한 봄 햇살이 쏟아져 들어온다. 새들의 노래, 상쾌한 바람이 고단했던 몸과 마음을 달래준다. 앞으로 조용한 산기슭에 머물며 마음의 여백이 넓어지기를 소망해 본다. 새로운 곳에서 처음 맞이하는 이날이 행복의 출발일이 되길 바라며.

내 마음의 정원

나의 방 작은 창은 일 년 내내 정원의 사계를 담은 풍경화로 걸려 있다. 계절마다 늘 다른 풍광을 보여준다. 오늘도 그 시간이 지나면 다시 볼 수 없는 아름다운 순간을 그려내고 있다.

밝은 태양이 아침을 열면 따스한 햇살은 고요한 정원에 살포시 내려앉는다. 이슬 머금은 꽃들이 촉촉한 미소를 보내온다. 내 마음은 행복의 기지개를 켜며 하루를 시작한다. 아름다운 이 순간을 위해 꽃들은 온밤을 지새우며 단장을 하였는가. 사랑하는 연인을 만나기 위해 거울 앞에 선 여인의 마음일까. 햇살을 온몸으로 받으며 이슬 젖은 꽃들이 화단에 다소곳이 앉아 고운 자태로 꽃잎을 열고 있다.

얼마 전에 나는 이곳으로 이사를 와서 조용한 전원생활을 즐기며 자연과 도타운 우정을 나누기 시작했다. 산자락에 걸터앉은 우리 집은 주변이 수목으로 둘러싸여 있어 구태여 나무를 심을 필요가 없다. 소나무를 비롯하여 산단풍 · 은사시나무 · 참나무 · 자작나무 · 밤나무 · 느티나무 등 온갖 수종樹種으로 울타리가 되어 천연으로 커다란 정원이 만들어진 셈이다. 채마밭 옆 작은 연못은 덤이다. 잉어와 붕어 · 송사리들이 유유자적하며 저희들끼리 즐거운 시간을 보낸다. 봄이면 올챙이들은 세계지도를 그리며 힘차게 연못가를 행진하느라 바쁘다. 그 모습에 심취되어 시간 가는 줄 모르며 구경할 때도 있다.

숲 속의 정원은 내 마음을 평화로운 사색의 길로 안내해 준다. 혼자 있는 시간이면 나에게 꽃과 나무는 몇 시간이고 고요 안에 머물 수 있도록 해준다. 각양각색의 생명체들은 때가 되면 꽃을 피우고 열매를 맺는다. 그 단순한 자연의 변화를 즐거우면서도 경이로운 마음으로 바라볼 수 있어 즐겁다. 그들을 바라보는 동안은 세상사 온갖 잡념이 사라진다.

엄마는 대문 옆 담장에 꽃 심는 것을 좋아했다. 봉숭아 · 채송화 · 과꽃 등 소박하지만 정겹게 다가오는 꽃들이다. 꽃이 피면 따사로운 햇볕 아래 옹기종기 모여 앉아 있는 아기자기한 꽃들을 말없이 바라보시곤 하셨다. 그때 엄마는 어떤 상념에 젖으셨을까. 남편과 아이들의 뒷바라지에서 벗어나 잠시 한가로운 시간을 보내셨을까. 꽃들의 미소가 주는 위안이 엄마의 일상에 작은 선물이었을지도 모른다.

나도 엄마를 닮아 화초 가꾸는 것을 아주 좋아해서 신혼 초 베란다 가득 꽃과 나무들을 키웠다. 화초와 관상수를 비롯 사시사철 잎사귀만 달고 있는 벤자민 같은 나무들, 뾰족한 가시를 온몸에 두르고 있는 선인장까지 그 종류가 다양했다. 한편에는 오색 앵무새와 하얀 문조도 키웠다. 작은 새장 속에서 다정하게 먹이를 쪼아 먹으며 노래 부르고 사랑을 나누는 모습은 참 평화로워 보였다. 새들은 부부금실이 좋아 식구가 늘어나는 바람에 지인들에게도 분양을 해주어야 했다.

아침에 일어나면 화초들이 궁금하여 제일 먼저 베란다로 나간다. 오늘은 얼마나 자랐을까. 어떤 꽃이 피었을까. 그들의 건강한 모습을 바라보며 즐거운 하루를 시작하곤 했다. 외출했다가 돌아와서도 늘 내 발길은 먼저 베란다로 향했다. 자잘한 일상을 잠시나마 잊게 해주는 곳이기 때문이다.

작은 화분 안에서는 언제나 강인한 생명력이 꿈틀대고 있다. 그들을 바라보면 세상 근심은 모두 잊고 마음의 평화를 얻는다. 한결같은 마음으로 나를 맞아주는 너그러움과 여유를 느낄 수 있다. 그들은 언제나 나에게 따뜻한 위안과 힐링을 가져다 준다.

오랫동안 화분을 키우다 보니 희귀한 꽃들을 볼 수 있는 행운도 주어졌다. 좀처럼 꽃을 보기 어렵다는 관음죽은 어느 날 아침 신기하게도 빠알간 꽃을 피웠다. 다른 꽃처럼 화려하진 않지만 귀한 꽃을 선물 받은 것 같아 정말 기쁘고 감사했다. 꽃이 피면 행운을 가져다 준다는 행운목은 세 번씩이나 꽃을 피워 가족들의 사랑을 독차지 했다. 그 향내가 온 집안에 퍼져 꽃이 질 때까지 우리 가족은 행복에 취해 지냈다. 더욱 놀라운 것은 꽃이 개화하는 순간이다. 하얀색의 작은 꽃망울들이 소리 없이 꽃잎을 연다. 그 모습을 바라보노라면 형용할 수 없는 신비감에 빠져든다.

화초들은 다양한 모습을 지니고 있다. 예수님이 쓰셨던 가시관이라는 설이 있는 꽃기린은 사시사철 꽃이 피고 진다. 말없이 희생과 고난을 감내할 줄 아는 여인을 닮았다. 보라색으로 꽃을 피워 하얀색으로 시드는 재스민은 매혹적인 여성의 향기처럼 우리 마음을 설레게 한다. 열대지방에서 주로 자라는 선인장은 고고하게 가시를 세우고 앉아 있다. 곁을 쉬이 내주지 않는 까탈스런 여인이라고 할까. 멀리서 그 자태를 보아야지 가까이 가면 가시를 세워 위협한다.

요즈음 나는 지상의 정원과 더불어 사이버 공간에 블로그 '내 마음의 정원'을 만들었다. 이 세상에 하나밖에 없는 내 작은 존재를 위해 만든 공간이다. 다른 사람들은 대부분 타인과의 소통을 위해 블로그를 개설하지만 나는 내 자신과 대화하기 위해 만들었다. 또 다른 나와의 소통을 통해 진정 내가 원하는 삶은 무엇인지를 찾아가기 위함이다.

베란다와 대지의 정원이 육체적 노동을 해야 한다면 사이버 공간에서는 주로 정신노동이 필요하다. 블로그에 사진숲, 음악숲, 일기숲, 끄적거림의 숲을 만들었다. 그곳은 내가 가고 싶으면 언제든지 달려갈 수 있는 나만의 화원이다. 그곳에서 홀로 서성이며 이 세상에 존재하는 수많은 언어와 씨름을 한다. 하얀 원고지 앞에 앉으면 검은 말들이 도망치는 바람에 늘 외로운 고뇌에 쌓인다. 하지만 가끔은 고삐를 당기지 않아도 순하게 따라오는 언어 덕에 행복에 젖어 글쓰기를 할 때도 있다.

늘 쉼 없이 달려야 하는 우리들 삶엔 고요히 자신을 돌아볼 수 있는 시공이 필요하다. 삶이 고단하고 힘들 때나 어디론가 혼자 떠나고 싶을 때, 영혼의 힐링이 필요할 때 찾아가고 싶은 곳이 있으리라. 홀로 쉴 수 있는 곳, 엄마 품같이 따스한 곳, 자연의 숨결이 들리는 곳이라면 더욱 좋으리라.

헤르만 헤세도 작품을 쓰며 정원 가꾸는 것을 좋아하였다. 그는 일생 동안 거주지를 옮길 때마다 제일 먼저 정원을 만들었다고 한다. "정원을 가꾸는 것은 혼란과 고통에 찬 시대에 영혼의 평화를 지키는 방법"이라고 그는 말했다. 창작활동에 몰두할 수 있었던 것은 평온한 정원에 머물 수 있어 가능했던 것이리라.

정원 가꾸기는 내 마음을 다듬고 마음결을 고르는 일이다. 나 또한 온갖 나무와 꽃들로 풍성한 정원을 만들며 살고 싶다. 정원에서 보내는 시간은 자연의 섭리를 깨닫게 해줄 뿐만 아니라 단순한 노동을 넘어 삶과 나에 대한 깊이 있는 성찰이 가능하기 때문이다.

내 마음의 정원은 또한 내 글밭을 가꿀 수 있는 곳이다. 상상의 나래를 펴고 정제된 마음을 담아 자유로운 영혼으로 글 고랑을 고르게 펼쳐 가면서 내 마음과 글 숲에 옥토의 길을 내고 싶다. 부족한 부분에 위로의 거름을 준다면 풍요로운 열매도 맺을 수 있으리라.

나의 작은 창은 오늘도 또 다른 새로운 풍경을 펼쳐 보인다. 자연은 부족한 나에게 성장할 수 있도록 새 잠언시를 지어준다. 나를 사랑하라고, 나의 삶을 사랑하라고. 하늘, 별, 달, 바람, 꽃, 나무, 새들을 사랑하라고. 그들이 일러주는 삶의 깨달음에 귀 기울이며 꽃과 나무를 가꾸는 마음으로 내 마음의 정원을 가꾸리라.

카톡 카톡

푸름이 일렁이는 오월이다. 나무들은 초록이 가득한 세상으로 우리를 초대한다. 나뭇잎들은 사계 중 지금 가장 빛이 난다. 생명력이 넘치는 아름다운 날들이다. 요즈음 세상은 이보다 더한 물결이 일고 있다. 사람과 사람 사이의 간격뿐만 아니라 사람과 세상, 글로벌의 경계조차도 허물고 있다.

대단한 위력을 지닌 통신 수단 '카카오톡'의 파도가 지구를 강타하고 있다. 예서 카톡, 제서 카톡. 장소를 가리지 않고 언제 어디서나 카톡 음이 울린다. 개인과 개인의 울타리가 점점 높아지는 시대에 또 하나 소통의 장이 되었다.

대부분의 현대인들은 일상생활에서 카톡을 대화의 보조수단으로 활용한다. 말로 전해야 하는 자신의 생각과 삶의 이모저모를 문자로 주고받는다. 혼밥족이 늘어가는 요즘 시대에 카톡 공간은 소통의 통로가 되었다. 그 힘은 대단하여 직접 전하지 않아도 사람들을 쉽게 모으고 행동으로 실천하게 할 만큼 강력하다.

얼마 전 막냇동생이 사촌들만을 위한 카톡방을 개설했다. 흩어져 살고 있던 사촌들이 순식간에 카톡방으로 모여들었다. 모두 눈동자가 튀어나올 것만 같은 커다란 관심을 드러냈다. 긴 세월이 흐른 지금 서로 자주 만나지 못하며 지내고 있었다. 명절 때 만나면 데면데면하다 헤어지기 일쑤였다. 출가외인이 된 후 나는 친척과의 만남이 자연스레 뜸해졌다. 그들을 만난 지 얼마만큼의 시간이 흘렀는지 기억조차 하기 어렵다. 사촌들은 카톡으로만 대화를 나눌 것이 아니라 어서 빨리 오프라인에서 만나자고 아우성이다. 우리는 마침내 고향 바다를 찾기로 마음을 모았다.

몇 년 만인가. 고향을 향하는 가슴이 마냥 설렌다. 어릴 적 뛰놀던 옛 동산, 정겨웠던 우리 동네는 어떻게 변했을까. 고향 사람들은 어떻게 살고 있을까. 우리는 카톡을 주고받으며 방방곡곡에서 고향을 향해 달려갔다. 드디어 상봉의 순간. 커질 대로 커진 눈, 벌어질 대로 벌어진 입. 모두 놀랐다. 그간의 세월은 어디로 간 것일까. 대부분 마흔을 훌쩍 넘었지만 시간을 껑충 뛰어 중고등학교 학생시절로 되돌아간 것 같다. 얼굴엔 옛 모습이 그대로 남아 있다. 언니, 동생,

누나, 형을 부르며 우리는 모처럼 기쁨과 반가움이 넘치는 술잔이 오고갔다.

상기된 얼굴로 먼저 바닷가 둘레길을 걸었다. 멀리 수평선에 넘실대는 파도 위로 태양빛이 가득하다. 마음은 은빛 물비늘을 타고 어린 시절로 돌아갔다. 바닷가 모래사장은 우리들의 놀이터였다. 파래와 나물을 뜯고 고둥을 주우며 게도 잡았다. 남자 사촌들은 낙지 구멍을 찾아내어 살아 꿈틀거리는 낙지를 용케 잡아오곤 했다.

짭짜름한 냄새가 바람을 타고 와 코끝을 간질인다. 아, 이 냄새였다, 고향의 냄새는. 두 팔 벌리고 바다의 내음을 마셔본다. 진흙 갯벌도 그대로다. 다리를 번쩍 들고 쌩쌩 기어다니는 농발이와 온몸에 진흙이 묻어 있는 망둥이도 예전처럼 이리저리 폴짝폴짝 뛰어다니며 우리를 맞는다. 커다란 갈매기들이 머리 위에서 끼룩거리며 따라왔다. 백사장 위를 소리치며 마음껏 달려보았다. 우리는 잠시나마 옛날 옛적 그때처럼 뛰어놀았다. 시간 가는 줄도 모르고 어린 아이들이 되어 갔다.

혹자는 카톡이 공해라고 한다. 하지만 말하고 싶은 사람은 톡을 한다. 들어주는 사람도 톡을 한다. 사촌이 땅을 사면 배가 아픈 것이 아니라 사촌이 집을 마련하고 차를 구입하면 함께 기쁨을 나눈다. 오늘도 사촌들의 카톡방은 분주하다. 누구의 생일인지, 색다른 음식을 맛볼 수 있는 맛집은 어디에 있고, 무엇을 하며 하루를 보냈는지 알려준다. 때로는 남편에게 비밀스레 전해야 할 말이 우리 카톡방으로 잘못 전달되어 한바탕 웃음바다가 되기도 한다.

카톡방에는 언제나 웃을 수 있는 소식만 들려오는 것은 아니다. 궂은일도 종종 전해온다. 철없는 아들 군대 보내는 엄마의 근심 어린 마음이 그려지면 위로를, 시부모님이 치매를 앓고 있는 가정을 위해서는 기도가 이어진다. 작은 카톡방이지만 삶의 희로애락들로 가득하다.

나는 이곳 전원생활을 열심히 들려주고 있다, 꽃이 피고 새들 노래하며 바람이 지나는 소리를. 말로 표현하기보다는 글이 더 편한 나에게는 카톡이 더할 나위 없이 유용한 문명의 이기다. 오늘도 카톡방이라는 보이지 않는 선을 통해 난류가 흐른다. 따스한 정이 넘치고 사랑이 가득하다. 톡? 톡! 언어에 음표가 달린다.

봄이 오는 소리

새들의 고운 노래가 조용한 아침을 깨우고 있다. 아직 겨울은 봄마당에서 서성대는데 새들은 어서 봄을 맞이하라고 재촉이라도 하듯 이리저리 옮겨다니며 아직 동면 속에 있는 자연을 흔들어 깨운다.

산기슭에 울려 퍼지는 지저귐은 마치 천사들의 합창 같다. 그들은 길고도 추운 겨울을 어디서 어떻게 지냈을까. 그동안 아무 일 없었다는 듯 이렇게 다시 찾아와 맑고 고운 노래를 목청 높여 부른다. 그들이 그려주는 음표로 내 마음 뛰노니 어서 봄을 맞이하러 나가야겠다.

아침 산책길에 나의 발자국을 세며 따라오는 작은 새들의 날갯짓이 소란스럽다. 봄소식이 한두 가지가 아닌가 보다. 쌓여 있던 눈과 두껍게 얼었던 연못 얼음도 녹은 지 오래지만 아직 차가운 바람이 코끝을 스친다.

가만히 들여다보니 낙엽과 풀숲 사이에 연둣빛 새싹들이 고개를 삐죽이 내밀고 있다. 드센 잡초지만 여리디여린 순으로 태어난다. 단단한 대지 위를 뚫고 나오는 강인함이 놀랍기만 하다. 봄이 되면 보리밭을 밟아주던 풍속이 있다. 겨우내 얼다 녹다를 반복하는 동안 단단했던 땅이 푸석푸석해져서 들떠버린 보리 뿌리를 살리기 위한 조상들의 지혜이리라. 대지는 이렇듯 봄이 되면 새 생명이 태동하려는 땅의 꿈틀거림으로 지각변동을 일으킨다. 꽁꽁 얼었던 땅은 마음을 풀어 푸근한 여인의 가슴처럼 보드랍고 따스한 흙으로 바뀌어 간다. 봄이 오기 전부터 이미 새로운 생명이 태어날 수 있도록 품을 열어주고 있는 것이다.

연못가를 지나는데 노란 버들강아지가 반긴다. 아직 잎이 나지 않은 가지마다 꽃처럼 피어난 버들이 줄지어 대롱대롱 매달려 있다. 아침 햇살이 내려앉아 더욱 반짝인다. 연못 속 작은 붕어들은 새로운 바깥세상이 궁금한가 보다. 탐험하듯 이곳저곳으로 떼 지어 다닌다. 지난해보다 더 자란 듯한 큰 잉어와 붕어들은 물살을 가르며 더욱 힘차게 나아간다. 겨우내 두꺼운 얼음 밑 세상이 답답했다는 듯.

조금 걸어 올라가니 노란 산수유가 피어 있다. 며칠 전까지만 해도 작은 꽃망울로 달려 있었는데 이젠 제법 많은 꽃송이들이 활짝 웃고 있다. 마른 가지가 춥지 않아 보인다. 그 옆 명자나무엔 작은 꽃봉오리들이 가지마다 몽글몽글 모여 있다. 따스한 햇볕이 좋다고 옹알옹알. 꽃잎들은 너무 단단히 싸여 있어 과연 꽃잎이 펼쳐질까 싶지만 조금 있으면 진한 빨강 · 분홍 · 하얀색 꽃들로 만개할 것이다. 지난해 분홍 명자나무 꽃을 바라보느라 아침마다 설레었던 기억이 떠오른다. 한 송이에 흰색과 빨간색이 섞여 핀 꽃잎도 있었다. 신기하고 예뻐서 눈에다 담고 카메라로 찍어 마음속에 간직해 두었다. 아마 올해도 아침이 되면 카메라를 들고 그들 곁에 서성거리리라.

커다란 느티나무엔 하루가 다르게 파릇파릇한 새순이 하나 둘 돋아나고 있다. 마치 꽃봉오리 같다. 처음엔 엷은 막에 싸여 있다가 조심스레 한 잎씩 펼치며 세상 구경을 한다. 여린 잎들이 수줍은 새색시 모양 살포시 앉아 있다. 지금은 비록 만지면 부서질 것 같지만 뜨거운 여름날엔 커다란 잎사귀로 시원한 초록 그늘을 만들어 줄 것이다.

소나무 아래 작은 꽃송이가 미소 지으며 지나가는 나를 붙잡는다. 군락을 이루며 피어나는 야생화 '현호색'이다. 꽃을 보기 위해서는 몸이 땅에 닿도록 구부려야 한다. 구도자처럼 가장 낮은 자세를 취해야 아름다운 꽃을 만날 수 있다. 연보라와 하늘색을 띤 기다란 나팔꽃 모양의 꽃이 내 귓가에 속삭인다. '우리들의 봄이 왔어요.' 얼마나 많은 꽃송이가 달려 있는지 가냘픈 몸이 애처로워 보인다.

바람이 일 때마다 하늘거리다 날아가 버릴 것만 같다.

얼마나 걸었을까. 길 옆 꽁꽁 얼었던 개울물이 조잘대며 작은 조약돌 사이로 흐르는 소리가 들렸다. 누구의 손길이었나, 파란 물이 세상 구경할 수 있도록 길을 열어주고 있는 이는. 겨울이 되자 두꺼운 창을 만들고 마음을 닫았었는데…. 깊은 산속의 봄소식을 싣고 오는 걸까. 먼 곳 사람들에게 하루라도 빨리 봄이 오는 소리를 전하고 싶어 쉼 없이 흘러가는 것일까. 나도 함께 달려가 알려주고 싶다. 이 신비하고 아름다운 봄이 오는 소리를.

논에서는 두꺼비와 개구리 우는 소리가 우렁차게 들려온다. 길고 어두웠던 동면에서 깨어났음을 세상에 알리려나 보다. 두꺼비는 봄이 되면 산에서 내려온다. 수컷은 제일 먼저 오바드(aubade)를 부르며 암컷을 부른다. 행복한 삶을 출발하고자 하는 희망의 외침이다.

아름다운 빛과 소리로 오는 봄. 누구도 감출 수 없고 막을 수 없다. 온 세상에 새로운 탄생을 알리는 소중한 생명들의 함성이기 때문이다. 단단했던 땅속에서, 메마른 나뭇가지에서, 푸른 연못에서 이 세상에 나오려 용솟음치는 합창이 멋지게 울려 퍼진다. 그래서 비발디는 〈사계〉 중 봄을 가장 활기가 넘치는 곡으로 작곡했나 보다.

자연은 늘 경이로운 모습을 지니고 있다. 사람의 손이 닿지 않아도 스스로 신비한 생성과 소멸을 한다. 햇볕과 비, 바람만 있어도 인간이 창조한 그 어떤 아름다움보다 더 멋진 세상을 만들어간다. 매일 변해가는 자연의 풍광을 바라볼 수 있고 생명이 움트는 소리를 들을 수 있어 기쁘고 감사하고 행복하다.

봄꽃들은 어제와 다른 모습으로 피어난다. 조금 있으면 세상은 봄의 축제가 시작될 것이다. 사계 중 가장 화려한 꽃들의 향연이 펼쳐지리라. 꽃의 옹알거림에 벌써부터 가슴이 설렌다.

함박웃음

며칠 전 사진관에 다녀왔다. 책에 실어야 할 사진 한 장이 필요해서다. 얼마 만인가. 자동차 면허 갱신 때 사진을 찍은 후 처음인 것 같다. 거의 십여 년이 흐른 셈이다. 그동안 증명사진이 필요한 때가 거의 없지 않았나 싶다.

이왕이면 잘 나온 사진을 보내고 싶어 시간이 날 때마다 손전화의 셀카 기능을 이용하여 혼자 찍기 시작했다. 타고난 생김새야 어찌할 수 없지만 품위 있는 사진을 만들어 보려고 애를 썼다. 오월의 초록을 배경으로 산자락 앞에 섰다. 큰 잎사귀를 가진 후박나무 앞에서 빨간 단풍나무 그리고 푸르른 소나무 옆에서도 찍어본다. 곱게 핀 철쭉이 더 나을 것 같아 꽃 가까이 얼굴을 대고 살짝 미소

지어 본다. 그러나 확인한 사진들은 하나같이 경직된 표정들뿐이다.

셀카로는 잘 나온 사진 한 장 얻기 어려울 것 같다. 딸에게 도움을 청했더니 학교 앞 사진관으로 가잔다. 포토숍의 위력을 직접 체험하라며 강권한다. 그 말에 솔깃했다. 어차피 셀카로는 해결이 되지 않을 것 같아 결국 사진관을 찾기로 했다.

사진관 문을 열고 들어서자 주인 아저씨가 반갑게 맞이한다. 필요한 사진 크기를 보여주며 설명하니 그것보다 더 잘 찍어 준다며 씽긋 웃는다. 떨리는 마음으로 커다란 사진기가 마련된 작은 방으로 들어갔다. 어두운 곳에 의자 하나만 덩그마니 놓여 있다. 어떻게 연기해야 하는지 모른 채 무대 위에 홀로 서 있는 배우의 심정이랄까. 왠지 어색하고 편안하지 않았다.

촬영이 시작되었다. 의자에 엉거주춤 앉아본다. 나의 심정을 아는지 모르는지 키다리 아저씨는 몇 개의 조명을 환하게 켜곤 마치 카메라 감독처럼 빠르게 주문하기 시작했다.

"일단 옆으로 앉으세요. 고개는 앞쪽으로 돌리고, 시선은 앞에 마련된 화면을 쳐다보시고요. 옆머리를 귀 뒤로 넘겨보세요. 네, 좋아요. 훨씬 좋으시네요. 턱을 당기고 고개는 오른쪽으로 갸우뚱. 그렇죠. 잘하셨습니다. 눈은 크게 뜨고 입꼬리를 살짝 올리면서 입을 벌리고 활짝 웃어보세요."

라며 평소 내가 짓지 못하는 다양한 표정을 주문한다. 어색해 하는 나를 보고 딸에게 어머니 좀 웃게 해드리라고 한다. 그가 연출하고 싶은 표정을 짓지 못하는 내 모습이 답답했을 텐데도 연신 서글서글한 미소를 던지며 셔터를 눌러댄다. 오늘 사진관 아저씨는 감독, 우리 딸은 조감독이다. 난 어느새 성실한 배우가 되어 차차 카메라 앞에 익숙해졌다. 몇 장을 찍었을까. 이만하면 될 것 같다며 촬영을 멈췄다. "엄마가 살짝 웃으셨으니 입꼬리를 올리는 포토숍 작업을 하면 좋은 사진이 나올 것 같다."며 딸에게 윙크를 보낸다.

어떤 표정의 사진이 나올까. 조금은 산만한 분위기에서 촬영을 하여 내가 생각한 사진은 기대하기 어려울 것 같다는 생각이 들었다. 걱정 반, 기대 반으로 기다리고 있는데 드디어 딸에게서 연락이 왔다. 이메일로 사진을 보냈으니 확인해 보란다. 부랴부랴 컴퓨터를 켰다. 사진이 궁금해 마음이 급해진다. 로그인을 하고 메일을 여는데 오늘따라 컴퓨터는 왜 이리 느린지. 굼벵이 사촌이다. 드디어 첨부파일이 열렸다. 그곳에는 나를 쳐다보며 자연스럽게 미소 짓고 있는 한 여인이 있었다.

처음엔 내 얼굴이 낯설었다. 평소 내 미소와 달랐기 때문이다. 그런데 이상하게도 시간이 지날수록 그 미소가 다정하게 다가왔다. 마음에 들어 손전화에 저장해 놓았다. 어느새 난 친절한 사진관 아저씨가 가르쳐 준대로 입꼬리를 높이 올리며 웃으려고 노력한다. '소문만복래'라 하지 않던가. 활짝 웃으니 마음까지 밝아진다. 우연이지만 사진관 아저씨는 내게 잃어버렸던 옛 미소를 되찾게 해주었다. 한 줄의 글이, 한 사람의 말이, 한 사람의 일상을 변화시킬 수 있는 힘이 있음을 느낀다.

이미 나는 마음속으로 그 사진을 출판사에 보내기로 결심했다. 칭찬인지 격려인지 예쁜 엄마라고 한껏 추어주는 딸의 메시지에 용기를 얻었는지도 모른다. 이제부터라도 사진 속 여자처럼 활짝 웃으려 노력하리라.

만개한 꽃들이 아름다움의 절정을 치닫고 있다. 화려한 꽃들의 향연으로 숨이 막힐 지경이다. 그들의 화려한 반란은 무죄. 나도 고운 웃음 지으며 그들 곁에서 한 송이 웃음꽃으로 피어나리.

청평사 가는 길

봄으로 들어가는 초입이라 길 옆 나뭇가지엔 이제 막 새순들이 앞 다투며 솟아나고 있다. 간간이 활짝 핀 진달래가 수줍은 듯 미소를 보낸다. 조용한 숲 속에 나무와 꽃들이 가득하다. 가느다란 폭포, 작은 연못과 조잘거리며 흐르는 계곡물이 산길 따라 이어졌다. 숲 속 새들의 노래 소리에 발을 맞추며 천천히 걸어본다. 속세의 모든 욕심을 하나씩 내려놓고 흐르는 물에 마음을 닦으면 부처님의 경지에 가까이 이를 수 있을까.

하늘이 보이지 않는 삼림森林 속에서 나를 돌아본다. 가족으로부터 벗어나 오랜만에 혼자만의 시간이다. 잠시 고요 속에 머물고 싶다. 평소 온전히 나 자신만을 위한 시간을 마련하기란 그리 쉽지 않은 일이다. 때로는 자신을 돌아볼 수 있는 시공이 필요하다는 생각을 해본다.

진정한 의미에서의 나 자신은 저 깊숙한 곳에 넣어 열쇠로 잠가버린 채 살아가는 일상은 아닌지…. 실제로 타인에게 보이는 겉모습은 어쩌면 나의 작은 일부분일지도 모른다. 내 본연의 모습은 뒤로한 채 타인과 겉 핥기의 삶을 살아가고 있는 것일지도 모른다. 서로 다른 모습으로 조화를 이루며 살아가는 이 숲 속의 생물과 무생물의 자연스런 어우러짐을 닮고 싶다. 그들은 치장하지 않아도 아름답고 더없이 순수하다. 청평사로 올라가는 길은 부처님 계신 곳에 이르기 전, 이렇게 잠시나마 자신을 바라볼 수 있는 길이 되어 주는 것 같다.

많은 이들이 함께 가고 있지만 그곳에 이르는 시선은 모두 다르다. 하늘을 바라보는 이들, 나무와 숲을 살펴보는 사람, 꽃과 이야기를 나누는 이들, 골짜기에서 내려오는 물소리, 새들의 노랫소리에 귀를 기울이는 이들도 있다. 한 걸음씩 옮기다 보니 어느새 절이 보인다.

청평사는 어느 스님이 명당을 찾던 중 이곳을 발견하여 천여 년 전에 지어졌다고 한다. 이 절에서 극락전을 뒤로 두고 앞산의 만월을 바라보면 그곳이 명당이고 극락전이 된다고 한다. 마음이 중요하다는 뜻일 터. 극락전이 중요한 것이 아니라 내 마음에 만월을 품고, 평화를 얻고 기쁨을 얻으면 그것이 곧 작은 해탈이리라.

빨강·초록·노랑으로 만들어진 화려한 연등들이 천장마다 가득 매달렸다. 초파일의 분위기가 물씬 풍긴다. 사진을 찍다 우연히 등마다 씌여 있는 작은 글씨들을 발견했다. 가족 대소사의 축복을 비는 내용들이다. 건강과 행복, 취업에 관한 간절한 소망들이 깨알처럼 적혀 있다. 불자는 아니지만 마음속 희망의 등을 걸으며 조용히 합장해 본다. 봄날의 햇살처럼 맑고 따스한 사랑을 베풀며 살아가고 싶은 마음을 부처님께 청해 본다.

산을 내려오다 담소를 나누고 있는 사람들을 보았다. 막걸리에 파전 안주를 곁들였다. 그들의 정감 어린 대화와 웃음소리는 울창한 숲 속에 흐르고 있는 물소리와 어우러져 멋진 하모니가 된다. 신선놀음이 따로 없으리. 청정 자연 속에 주고받는 무공해 담소는 마음을 따스하게 만드니 바로 그 순간이 진솔한 소통의 시간이리라.

온갖 시름을 잊은 채 잠시나마 신선처럼 머물 수 있었던 소중한 시간이었다.

"살어리 살어리랏다. 청산에 살어리랏다."

라고 노래한 옛 시인의 마음을 헤아려 본다. 숲 속에 푹 파묻혀 자연을 벗하며 살 수 있는데 무엇을 더 바라리오.

마늘

그는 낚시를 좋아한다. 낚시터에 가는 날은 좁은 차 안에서 견뎌야 하는 새우잠도 마다 않는다. 그리곤 새벽이 되자마자 월척을 낚을 기대에 부풀어 물가로 달려간다. 보통 붕어들은 오전, 오후 네 시부터 여덟 시까지 먹이 활동을 활발하게 한다는 것을 알고 있기 때문이다.

사방이 고요한 어둠 속 낚시터엔 낚시광들의 정중동이 희미하게 보일 뿐이다. 그들은 짜릿한 손맛을 기대하며 떡밥을 준비한다. 콩만 한 크기로 뭉쳐 낚싯바늘에 매단 다음 쉼 없이 밑밥을 던져 넣는다. 반복 작업이 다소 힘들긴 하지만 붕어들이 떡밥을 흡입하는 순간을 생각하면 지루하기보다는 오히려 가슴이 설렌다고 한다.

붕어들의 입질이 시작되면 조공의 마음이 급해진다. 붕어가 떡밥을 향해 덤비고 있다는 것을 '찌'라는 것이 즉각 알려주기 때문이다. 붕어들이 물속에서 떡밥을 문다는 신호를 손끝으로 느낄 수 있는 순간이다. 그 찌가 물 위로 천천히 올라오면 정점에 섰다고 생각될 때 확 낚아챈다. 일단 미늘에 걸린 물고기는 수면 위까지 끌어내면 아무리 힘센 붕어라도 맥을 못 춘다. 물고기의 얼굴을 보는 그 순간의 쾌감을 얻기 위해 조공들은 캄캄한 밤, 그 먼 길을 마다않고 달려가는 것이리라.

붕어는 미늘에 한번 걸리면 생과 사를 예측할 수 없다. 그럼에도 불구하고 맛있는 먹이의 유혹 앞에선 언제나 흔들리고 만다. 그것은 붕어 입 주위에 남아 있는 상처의 흔적으로도 쉽게 알 수 있다. 붕어는 방금 전 입에 넣었던 살어殺漁 도구를 순진하게도 금세 잊어버리는 것이다. 그래서 누군가 붕어 아이큐를 0.9라 했나. 선경험이 있다 해도 결과는 마찬가지다.

인간의 삶도 그리 다르지 않아 보인다. 동서고금을 막론하고 정치인들은 뇌물이라는 떡밥에 걸려 일생 동안 쌓아 왔던 빛나는 명예를 하루아침에 실추하고 만다. 매스컴을 장식하는 크고 작은 뉴스에 많은 사람들은 흥분하고 손가락질하며 비난한다. 생명이나 삶의 전부를 잃을 수도 있다는 것을 알면서도 세상엔 그러한 일이 여전히 되풀이되고 있다. 미늘을 숨긴 사람은 보이지 않게 포장하기 때문이다. 유혹은 언제나 화려하고 강렬하다. 인간의 삶엔 왜 이리

비슷한 패턴이 연속되는 것일까. 호머사피엔스부터 유전되어 온 내면의 DNA 탓일까. 피할 수 없는 유혹의 미늘은 늘 우리 주변에 어른거린다.

비록 미늘은 아주 작지만 그 위력은 대단하다. 한번 걸리면 쉽게 빠져나올 수 없다. 미늘로 인해 겪어야 하는 어두운 결과는 목에 걸린 가시처럼 고통의 시간을 수반한다. 가장 무서운 미늘은 어쩌면 자신이 만든 덫에 걸려 넘어지는 것은 아닌지. 마음의 벽을 쌓고 세상을 바라보는 덫, 어떤 아집이나 카로(Caro)의 덫에 걸리면 자신을 잃어버리기 십상이니 말이다. 비이성적인 자신 안에 매몰되어 피폐해져 가는 모습을 발견할 뿐, 덫은 더 깊숙이 내면을 파고든다. 마음에 걸린 미늘이 빠져 나갈 때까지는 결코 짧지 않은 아픔의 시간을 보내야 한다.

하지만 사람들은 긍정의 힘으로 밀어내기도 한다. 걸림돌이 아니라 좀 더 나은 삶을 위한 지혜를 얻는다는 데 의미를 둘 수도 있다. 어두운 터널을 지나면서 예전과 다른 새로운 자신의 모습을 발견한다. 그 길 위에서 변화된 삶을 시작할 수 있지 않을까 하고. 어쩌면 새로운 세계로 가는 구원의 길인지도 모른다고 생각하며.

고대 그리스 철학에는 '메타노이아(Metanoia)'라는 개념이 있다. '메타'는 넘는다. '노이아'는 생각이라는 뜻이다. 자신의 무지와 오만으로 만들어진 상황을 바꾸기 위해서는 가장 먼저 스스로를 넘어서야 하리라. 미늘에 걸리면 미늘에서 벗어나려는 지혜가 필요하다. 어려움을 복으로 만드는 것은 결국 자신이므로. 일체 유심조一切唯心造라 했으니. 마음먹기에 달린 것이다.

낚시 고수들은 정작 미늘을 사용하지 않는다고 한다. 한낱 미물일지라도 생명의 존엄성이 그 안에 숨 쉬고 있지 않은가. 그들이 낚시터를 찾는 이유는 고기를 잡기 위함이 아니다. 낚시를 하러 달려가지만 잡았던 물고기들을 모두 놓아준다. 빈손이지만 마음은 부자가 되어 돌아온다. 낚싯대를 드리우며 자연 속에서의 명상과 힐링에 자족할 뿐이다. 삶의 진정한 고수는 인간관계에서도 타인을 해하거나 다른 사람의 것을 빼앗는 데 목적을 두지 않고 늘 상생을 염두에 두는 사람들이다.

나는 낚시를 할 줄 모른다. 그저 침묵과 고요가 좋아 이른 새벽 기꺼이 동행하는 것이다. 조용한 낚시터에 앉아 반짝이는 별들을 바라보며 마음의 미늘들을 털어낸다. 별빛처럼 따스한 마음 베풀며 살아보자고.

봄내 가득한 봄내[春川]

벚꽃이 흐드러지게 핀 따스한 봄날, 봄바람에 설레는 마음을 흩뿌리며 문우들과 봄내[春川]에 가는 날이다. 사월 초 차창 밖으로 스치는 풍경은 완연한 봄이다. 하나 둘씩 싹을 틔우는 나무들의 이파리들은 연둣빛으로 빛나고, 하얀 산벚이 활짝 피어나 사계의 문턱에서만 볼 수 있는 봄 동산을 이루고 있었다.

첫 번째 방문지인 김유정 문학촌은 춘천의 아담한 실레마을에 자리하고 있다. 동네가 떡시루를 닮았다 하여 실레마을이라 이름 지었다고 한다. 생가에 도착하니 초가지붕 위에 앉아 있던 봄볕이 우리를 다정하게 반긴다. 문학관이 아닌 문학촌인 것은 수수하고 겸손하며 가난했던 작가의 삶을 보여주는 것이란다. 불후의 명작을 탄생시킨 공간에 둘러앉아 한마디라도 놓칠세라 해설사의 설명에 귀를 연다.

김유정은 일제 강점기 때 작품 활동을 하다 폐결핵으로 짧은 생을 마감했다. 서울과 춘천을 오가며 소설을 썼는데 고향의 순박한 정취와 가난했던 농민들의 삶을 직접 체험하고 그것을 작품에 그대로 옮겨놓았다. 그의 작품은 인간에 대한 훈훈한 사랑을 특유의 언어 감각으로 재미있게 그리고 있어 읽는 재미가 대단하다. 마음과 마음을 이어주는 따스하고 애틋한 정을 흥미롭게 그리고 있다. 등장인물들의 어리석음이나 무지함이 우리들에게 웃음을 자아내게 하지만 진한 슬픔이 느껴진다. 작가 자신의 가난과 비참함이 그 웃음 뒤에 숨어 있기 때문이다.

문학촌 정원에 세워놓은 동상들도 그렇게 보아서 그런지 그의 문학 속의 아이러니를 보여주고 있는 것 같다. 문학촌을 찾아오는 이들의 눈길을 끌기에 충분하다. 그중의 한 장면은 〈동백꽃〉에서 점순이가 '나'의 닭과 싸움을 시키는 장면이다. 또 하나는 〈봄 · 봄〉에서 점순이가 더 자라야 성례를 올릴 수 있다며 장인이 딸의 키를 재는 모습을 재현하는 듯이 보여주고 있다. 그의 해학적인 인물 묘사의 일면을 보여주고 있어서 보는 이들로 하여금 자신도 모르게 웃음 짓게 만든다. 낯설지 않은 작품 속에 머물고 싶었는지 문우들은 동상 옆에서 즐거운 표정으로 사진을 찍고 있다. 동심으로 돌아가 자기의 사설을 덧붙이느라 여념이 없다. 마음은 더 오래 머물고 싶었지만 다음 행선지로 발길을 돌렸다.

우리가 탄 버스는 매년 언론사가 주최하는 마라톤 코스를 달리고 있다. 도로 주변의 경관이 아름다워 가을이면 세계적인 마라톤 대회가 열리는 곳이다. 마라토너들이 도로 위를 달릴 때면 형형색색으로 물든 단풍과 선수들의 알록달록한 유니폼이 어우러져 장관을 이룬다. 월드레저대회가 춘천에서 처음 개최된 된 이유도 이곳 풍광이 너무나 수려하기 때문이란다. 우리를 안내해 주는 해설사는 한마디 덧붙인다.

“삼악산에 기대앉아, 춘천 호수에 발을 담그고, 흘러가는 구름을 하염없이 바라보는 장면을 상상해 보세요. 잠시나마 신선이 되어볼 수 있답니다.”

과연 바다같이 넓은 호수가 끝없이 펼쳐져 있고 그 옆에는 산이 병풍처럼 둘러쳐져 있다. 산과 호수가 어우러져 무릉도원이 따로 없다. 할 말을 잊은 채 차창 밖으로 스쳐가는 풍경만을 바라보며 봄길을 달렸다. 오랜 시간 바라볼 수 없는 우리를 위로하듯 높은 하늘이 따라오고 초록빛 강물도 따라 흐른다. 상쾌한 바람 하얀 구름과 함께 우리 마음도 달린다.

아름다운 경치에 넋이 나가 있는데 벌써 신숭겸 장군의 묘소에 도착했단다. 장군의 묘역은 춘천시 서면 방동리에 있다. 입구에 높은 산 아래 세워진 커다란 동상이 장군의 위상을 나타내듯 늠름하게 우뚝 서 있었다. 용감한 장군의 호령이 들리는 듯하다. 그는 고려 태조 왕건이 후백제의 견훤과 벌인 공산 전투에서 왕건의 생명을 살렸다. 위기의 순간에 왕건을 오동나무 숲에 숨기고 그의 옷으로 갈아입고 분전하다가 전사했다.

신숭겸의 시체를 발견한 왕건은 크게 슬퍼하였다. 참수되어 머리가 없던 장군의 시신에 금으로 만든 머리 모형을 만들어 주고 후하게 장사를 치러 주었다. 혹시 도굴될 것을 염려하여 춘천, 구월산, 팔공산에도 똑같은 묘를 만들어 주었다고 한다. 이러한 장군의 충성은 조선 때까지 충신의 표상으로 존경받았다. 고려 예종은 신숭겸 장군을 추모하기 위해 〈도이장가〉까지 지었을 정도다. 묘의 양 옆은 울창한 소나무 숲이 아래쪽까지 쭉 뻗어 있다. 그곳에 서 있는 소나무들은 장군을 모시는 충성스런 신하들을 상징하고 있다 하니 신숭겸은 죽어서도 추앙 받는 참 행복한 사람이다.

잔디에 앉아 해설사의 설명을 듣고 있노라니 머리 위에 내리쬐는 따사로운 햇볕이 참 좋다. 마음도 봄처럼 따스해진다. 일상에 가끔씩 찾아오는 이런 평온함으로 행복해질 수 있는 것은 삶의 여백이 주는 작은 선물이란 생각이 든다.

푸른 잔디밭에 옹기종기 앉아 있는 우리는 봄내 가득한 자연과 함께 한 폭의 그림이 된다. 모두 꽃으로 피어난다. 한 송이 아름다운 봄꽃으로.

캘리그래피에 빠지다

내 친구는 봄을 닮았다. 늘 새로움을 찾는 그녀의 발걸음은 항상 분주하다. 간단치 않은 삶이련만 얼굴에는 늘 웃음이 떠나지 않는다. 그래서인지 그 친구 옆에 있으면 언제나 즐겁다.

이른 아침 전화기가 울려댔다. 그녀다. 통통 튀는 말소리는 한 옥타브 올라가 있다. 목소리에 벌써 그녀의 기분이 실려 있다.

"니, 뭐하노? 또 책에 코 박고 있노? 퍼뜩 나오래이. 인사동 그 있제. '차사랑'이라꼬."

오늘은 어떤 일로 부른 걸까. 왠지 즐거운 일이 생길 것 같은 예감이다. 서둘러 준비를 했다. 거리엔 벌써 봄바람이 가득하다. 꽃집에는 싱그러운 봄꽃들이 나들이 준비에 바쁘고 길가에 늘어선 쇼윈도 안에는 봄옷들이 가득하다. 여인네들의 화장과 옷차림에선 봄 향기가 난다. 화사한 스카프를 걸쳐서일까, 마음이 상쾌해지니 발걸음도 가벼워진다.

찻집 문을 열자마자 저쪽에서 손짓을 하며 환하게 웃는 친구가 보인다. 따뜻한 대추차를 한 모금 마시더니 새로운 세계를 경험하게 해준다며 느닷없이 '캘리그래피(Calligraphy)'를 배우라며 목소리 톤을 높인다. 처음 듣는 단어였다. 그녀는 이미 시작을 했단다. 글씨의 매력에 빠져 있음이 온 얼굴에서 읽힌다. 신이 나서 설명을 한다. 귀를 쫑긋 세웠다.

"캘리그래피는 '아름다운 서체'란 뜻으로 'Calli'는 '미', 'Graphy'는 '화풍, 서풍, 서법'의 의미가 담겨 있어. 글자마다 개성과 혼을 담을 수 있는 글씨야. 서예라는 뜻도 있지만 정자正字로 써야 하는 얽매임이 없으니 붓을 이용하여 자유스럽게 자기만의 아름다운 글자를 만들 수가 있데이."

자신이 쓴 글씨를 모두 손전화에 저장해 두었다며 보여준다. 나는 감탄에 또 감탄을 연발했다. 서예를 흔히 영어로 캘리그래피라고 말하지만 이 친구가 말하는 캘리그래피는 개념이 조금 다른 모양이다. 전통 서예와는 달리 개성을 살리면서 멋을 풍기는 글씨라는 생각이 들었다. 당장 배우고 싶은 마음이 일었다. 그녀의 손에 이끌려 화방으로 향했다. 문방사우 외에 필요한 준비물을 샀다. 돌아오는 길,

내 마음은 벌써 캘리그래피 바람이 살랑이고 있었다.

붓에 먹물을 묻혀 조심스레 글씨를 써본다. 부드럽게 나아간다. 글씨를 쓰는 것이 아니라 그린다고 해야 맞을 것 같다. 은은한 묵향이 방 안에 가득해진다. 향을 맡으며 글씨를 써보는 이 조용한 시간이 참 좋다. 서체가 분명한 서예와 달리 캘리그래피는 내 마음대로 쓸 수 있어 편하고 자유스럽다. 시간이 지날수록 매력이 더해져 갔다. 같은 글자라도 쓸 때마다 달라진다. 새로운 세계가 바야흐로 눈앞에서 펼쳐진다.

캘리그래피는 글자 하나마다 마음을 담을 수 있다. 순간의 정신세계를 그릴 수 있는 글자 예술이라고 할 수 있다. 손으로 직접 쓰는 글씨라 매번 모양이 달라지니 희소성의 가치를 지니는 것은 당연하다. 배우기 전에는 눈에 띠지 않던 글자들이 보이기 시작한다. 책 제목이나 영화, 광고, 상품명에 이미 캘리그래피가 두루 이용되고 있었다. 한글의 아름다움에 푹 빠져 봄을 보낸다. 새해를 맞이하여 내게 새로운 세계를 체험하게 해준다며 캘리그래피 동영상 강의까지 신청해준 그 친구가 고맙기만 하다.

인생살이는 공식이 없고 교과서도 없다고 생각한다. 각자가 그려가는 인생길을 걷는 것이다. 캘리그래피에는 마력이 숨어 있다. 글자 하나도 수많은 방식으로 그릴 수 있다. 어떤 규정이나 법칙이 존재하지 않는다. 그냥 내가 그리고 싶은 대로 그리면 된다. 나의 세계를 그릴 수 있다. 나만의 길을 가듯.

빼뚤빼뚤한 글씨들이 내리는 눈처럼 춤을 춘다. 자유의 날개를 달고 하늘을 날아가는 모양이다. 다시 내 마음을 그려본다. 손 글씨 하나를 접했을 뿐인데 가슴이 뛴다. 더 열심히 연습하여 시와 함께 사군자도 그려 넣을 수 있는 작품을 만들고 싶은 소망이 움튼다. 좋은 글과 그림 위해 마음자리를 가지런히 해야겠다. 세상엔 아직도 배울 게 너무나 많다.

새로 맞이하는 날은 늘 봄날처럼 살고 싶다. 새로운 세계로 향하는 마음엔 설렘으로 가득하나니. 미국 시인 마야 안젤루는 "인생은 숨을 쉰 횟수가 아니라 숨 막힐 정도로 벅찬 순간을 얼마나 많이 가졌는가로 평가된다."라 하지 않았는가. 마음 가는 대로 내 마음을 그려 보리라.

때로 꿈꾼다. 삶이 꿈꾸는 대로 그려지기를.

봄날의 문학기행

사계 중 봄에는 마곡사가 아름답고 가을에는 갑사가 절경이라 하여 '춘마곡春馬谷, 추갑사秋甲寺'라 부른다. 오랫동안 문학기행을 기다린 문우들과 봄날, 달뜬 마음으로 마곡사로 향했다.

춘春마곡사란 별칭에서 알 수 있듯 마곡사 마당엔 봄볕에 생기가 움트고 있었다. 나무와 봄꽃들, 벚꽃과 산수유꽃, 아직 잎이 나지 않은 단풍나무에 알록달록한 연등이 꽃처럼 피어나 태화산太華山 아래 마곡사가 환하다. 햇살뿐만 아니라 예서제서 들려오는 문우들의 정다운 이야기와 웃음소리가 꽃으로 피어난다.

법계로 들어가는 마곡사의 정문인 해탈문으로 들어갔다. 초입에 들어서니 기나긴 역사가 서려 있는 곳이어서일까, 고요함 속에서도 불심이 가득한 것 같다. 잠시나마 속세를 떠나 해탈을 비는 마음으로 한 걸음 문 안으로 옮겨본다. 평온함이 느껴졌다.

“이 문을 지나 마곡사를 돌아나오면 해탈할 수 있으려나….”

“누가 아능교. 출가를 자청할지….”

봄볕을 한몸에 받으며 사찰 구석구석을 돌아보았다. 선덕여왕이 나쁜 기운을 누르는 복지福地에 사찰을 지으라는 명을 하여 신라의 고승 자장율사는 이곳에 천만 년의 고찰 마곡사를 지었다고 한다. 그 까닭인지 길지로도 유명하며 삼재三災가 들지 않는 곳이란다. 고려 명종 때 보조국사는 “복지가 맑은 개울에 있으니 금방울 소리가 소나무 사이로 울리는 곳”이라 했다. 병풍처럼 둘러싼 태화산과 청계수가 어우러졌으니 명승지가 될 수밖에.

마곡馬谷이란 삼이 삼밭에 빽빽이 서 있는 것처럼, 법을 듣고자 하는 사람들이 골짜기마다 가득 메워져 있어서 그렇게 불렀다고 한다. 부처님 말씀을 새겨듣고 그 바탕으로 수행한 기운이 서려 있는 곳임을 알 수 있겠다. 사월 초파일이 얼마 남지 않아서인지 여기저기 연등이 달려 있어 불자가 아니라도 불심이 솟아오른다. 석가탄일이라는 의미보다 알록달록한 연등 아래서 우리들은 기분이 좋아 어린아이들처럼 기념촬영을 하느라 여념이 없었다.

백범 김구 선생이 잠깐 승려생활을 하셨던 백범당으로 발길을 옮겼다. 선생은 명성황후를 시해했던 일본인에 대한 분노로 일본군

장교를 살해한 후 이 사찰에 은거하여 원종圓宗이라는 법명으로 출가 수도를 하셨다고 했다. 그는 대광보전 기둥에 있는 "각래관세간却來觀世間 유여몽중사猶如夢中事"(돌아와 세상을 보니 모든 일이 꿈만 같구나).라는 《원각경》에 나오는 문구를 보고 감개무량하여 그곳에 향나무를 심었다고 한다. 해방 후 기념식수를 했다는 향나무가 아직도 짙은 초록빛으로 빛을 내며 우리를 맞이하고 있다.

교수님은 "《백범일지》를 읽지 않으면 헛 산 것이다."라고 하시며 필독을 강조하셨다. 항일 운동을 아들에게 전하기 위해 쓴 유언 같은 일지이다. 큰 정치가이며 항일운동가임에도 그의 섬세한 문체에 감동하신 나머지 읽기를 강권하셨다. 다음과 같은 기록은 그 진면목을 잘 드러내 준다.

"사제 호덕삼이 머리털을 깎는 칼을 가지고 왔다. 냇가로 나가 삭발 진언을 송알송알하더니 내 상투가 모래 위로 뚝 떨어진다. 이미 결심을 하였지만 머리털과 같이 눈물이 뚝 떨어졌다."

섬세한 여류 문인과 같은 감성이 가득한 분임을 이 짧은 글에서도 짐작할 수 있다. 기행을 마치면 제일 먼저 그 책을 구하여 읽어야겠다. 백범당 문에 서산대사의 친필 휘호로 씌어 있는 선생의 좌우명이 가슴에 와 닿았다.

"눈 덮인 들판을 밟고 갈 적에 어지러이 걸어선 아니 되겠지. 오늘 내가 걸었던 길을 뒷사람이 그대로 따를 테니까."

한 걸음, 한 마음이라도 헛되면 아니 될 것 같다. 마음을 곧추 세우며 번뇌와 시름을 잊고 걸었을 백범 선생을 생각하며 발길을 대웅보전으로 옮겼다.

대웅보전은 부처님이 주석主席하시는 집이라는 뜻이다. 해설사의 설명을 들으며 이곳 설화에 관심이 기울여졌다. 싸리나무의 전설이다. 대웅보전 전각 내부에 싸리나무 기둥이 네 개 있다. "사람이 죽어 저승의 염라대왕 앞에 가면 '그대는 마곡사 싸리나무 기둥을 몇 번 돌았느냐.'고 묻는다고 한다. 그 이유는 많이 돌수록 극락길이 가깝기 때문이다. 한 번이라도 돌고 청기와를 바라보았으면 극락으로 가는 길이 프리패스란다. 아예 돌지도 않았다면 지옥행이라니 설화지만 가슴이 쿵하고 친다. 또 하나의 설화는 아들이 없는 사람이 마곡사의 싸리나무 기둥을 안고 돌면 아들을 낳는다는 것이다. 그래서 그런가. 기둥에는 손때가 묻다 못해 윤이 날 정도였다.

원래 싸리나무로 불리는 전각기둥은 은행나무인데 사리함을 만들어 '사리나무 사리나무' 하다 발음이 세어져 싸리나무라고 불렀다. 사리나무 기둥을 한 바퀴를 돌면 육근六根이 청정淸淨해진다고 한다. 불교 용어로 진리를 깨달아 물욕이 없어서 육근이 깨끗함을 뜻한다. 육근청정은 승녀의 생활로서 '눈 · 귀 · 코 · 혀 · 몸 · 생각'의 여섯 기관이 업에서 벗어나 청정해진다는 것을 의미한다. 해설사는 그로 인해 한 바퀴 돌 때마다 삼 년은 더 젊어져 오래 살게 된다고 말하면서 웃었다. 나도 한 바퀴 돌아보려 대웅보전으로 살며시 들어갔다. 과거, 현재, 미래를 대표하는 삼세불, 석가모니 부처님을 중심으로 양 옆에 약사여래부처님, 아미타부처님이 계신 곳이다. 문우를 따라 용기 내어 싸리나무를 돌았다. 지옥을 면하고 싶었을까. 아니면 삼 년은 더 젊어지고 싶어서였을까. 나무를 만지며 천천히 돌았다. 세 부처님이 바라보고 계셔서인지 나무 기둥을 짚고 도는데 어떤 의식을 행하는 것처럼 경건함이 밀려온다. 한 바퀴를 돌고 청기와를 바라보았다. 청기와 저 너머에 탁 트인 푸른 산과 파아란 하늘이 보인다. 마음이 편안해지고 깨끗해진다. 싸리나무를 돌아 나온 덕일까. 벌써 육근이 깨끗해진 느낌이다. 마음이 정갈해진다. 짧았지만 의미 있는 시간이었다.

스님이 정진하시는 선원에 이르렀다. 싸릿문 위에 '돌아서 가는 길'이라 씌어 있다. 스님들이 정진하는 곳이니 이곳을 조용히 지나라는 의미인가 보다. 바람이 일 때마다 청아한 풍경소리가 들려온다. 이 넓은 사찰 어디에서도 스님들은 보이지 않았다. 봄바람 살랑대는 봄날도 부처님 말씀을 새기고 계실 것이다. 아마도 말 머리 하나씩 품고 이를 해결하기 위해 전심전력을 다하고 계시리라. 그래서 화두를 든 수행자는 스스로 도저히 빠져나올 수 없는 은산철벽銀山鐵壁에 자신을 가두고 그곳을 빠져 나오기 위한 다함없는 정진을 한다고 한다. 나도 화두를 들고 하안거나 동안거를 해야 할까나.

하지만 속세에 깊이 몸담고 있는 나에게 오늘, 이 봄날이 너무 환하다.

해탈 문으로 들어가 해탈 문으로 나오며

"문우님, 해탈하셨는지요?"

"해탈이라…. 해탈 문으로 다시 나올 수 있었으니 해탈을 기대해야겠지요."

춘마곡의 승경을 바라보며 돌아오는 마음이 평온하다. 문우들과 꽃 닮은 미소를 피웠고 새들처럼 목청 높여 웃어도 보았다. 조금은 해탈하지 않았을까. 범인凡人으로서 말이다. 마곡사를 떠나오는 길 옆 바위에 새겨놓은 법구경을 되새겨 본다.

나태주 시인을 만나기 위해 풀꽃문학관으로 향했다. 서둘러 문학관으로 오르는 길에 황매화가 반겨준다. 마음속으로 문 앞에 자전거가 세워져 있기를 바랐다. 시인이 계신지의 여부를 알 수 있는 표시라 들었기 때문이다. 잔뜩 기대했던 바람과 달리 자전거는 없었다. 시인은 강의하러 외출하셨단다.

주인 없는 시인의 방을 둘러보았다. 풀꽃을 손수 그려 넣은 시 병풍이 작은 방을 차지하고 있다. 풀꽃들의 이야기가 들려오는 듯했다. 김남조 시인은 "풀꽃은 전등 아래 놓이는 꽃이 아니고 바람과 달빛과 별빛 안에서 있는 꽃입니다." 했다. 꽃들을 바라보고 쓴 시 낭송을 하며 잠시나마 시인의 마음을 헤아려 보았다. 〈풀꽃〉 같은 시를 지을 수 있다면 행복할 것 같다는 생각을 하며 시를 읊조려

본다. 그 순간만큼은 모두 꽃 마음을 지닌 시인이 되었다.

자세히 보아야/ 이쁘다
오래 보아야/ 사랑스럽다
너도 그렇다

봄날은 저물어 가지만 하루 내내 행복의 열차를 타고 달렸다. 태화산 숲 속 마곡사에서, 꽃들의 미소가 피어나는 문학관에서 본연의 마음을 찾아가는 시간들이었다. 더 자유로워진 나를 바라며.

2부

여름 사랑

유월의 뽕나무밭에서

세상은 지금 초록의 물결로 넘실대고 있다. 작고 여린 잎들이 세상 구경을 나온 지 엊그제 같은데 어느새 잎들은 무성하게 자라서 나뭇가지를 온통 초록빛으로 물들이고 있다. 그래서일까. 인디언 푸에블로족은 유월을 '나뭇잎이 짙어지는 달'이라 부른다고 한다. 계절의 변화를 자연에서 읽어낸 인디언들의 정감어린 마음이 실감나는 이즈음이다.

지난해부터 본의 아니게 오디 따는 여인이 되었다. 오디가 익어 가는 유월이면 뽕나무밭에서 까맣게 익은 오디를 따야 했다. 첫해는 가지에 오디가 서너 개씩 달렸다. 오디를 수확한다기보다 오디라는 열매를 알게 해주는 정도였는데 올해는 가지마다 제법 많이 달렸다.

농촌의 논밭 소유자는 반드시 농사를 지어야 한다. 농사짓는 자질이 부족한 우리 부부는 몇 해 전, 유실수인 뽕나무를 심었다. 면사무소에서 경작 여부를 조사하기도 하지만 여러 혜택이 주어져 휴경지로 둘 수가 없었다. 그러한 연유도 연유지만 면에서는 우리 지방 특산물로 오디를 선정했다고 하며 뽕나무 심기를 적극 권장하고 있던 터였다. 그 오디는 개량종이어서 들이나 산에서 자라는 재래종과 다르다. 나무의 키는 작지만 열매는 커서 '슈퍼오디'라고 부른다. 맛있는 오디를 수확하리라는 단순한 생각으로 심었다.

봄이 되어 다른 나무들이 모두 새 옷으로 갈아입을 때까지 뽕나무는 빈 나뭇가지만 서걱댄다. 사월에 작은 싹들이 하나 둘 돋아나기 시작하여 오월이 되어서야 비로소 무성한 나뭇잎을 달고 서 있다. 그런데 신기하게도 나뭇잎을 달자마자 작은 오디들이 주렁주렁 열린다. 유월이 되면 순식간에 익어간다. 싹이 나고 잎이 커지고 열매가 익어 수확까지 단지 두 달이면 족하다.

뜨거운 유월의 태양 아래 오디를 따는 일은 그리 쉽지 않은 작업이다. 처음 해보는 일이라 마음의 부담이 이만저만이 아니다. 피할 수 없으면 즐기라 했던가. 마음을 단단히 먹고 뽕밭으로 향하니 뽕잎 사이로 잘 익은 오디들이 방싯거리며 매달려 있다. 오디는 처음 열릴 때는 매실 닮은 연두색이다. 시간이 지나면서 빨간색으로 변하고 조금씩 익어가다 보라색으로 되며 완전히 익으면 까만색이 된다. 오디는 마치 포도 한 송이를 축소한 것 같다. 수많은 작은 알들이 떨어질세라 서로 꼭 붙어 있고 낱알마다 딸기처럼 깨알 같은 씨들이 박혀 있다. 잘 익은 오디 하나를 따서 입에 넣어본다. 달콤한 맛이 입안 가득 퍼진다.

나의 어린 시절에는 누에를 키우는 양잠업이 성행했던 때가 있어서 집 주변에 뽕나무가 많았다. 뽕나무 가지에 매달려 오디를 따먹다가 입 주변이 보랏빛으로 물든 친구를 바라보며 서로 까르르 웃어대던 일이 어제 같기만 하다. 어린아이였을 때나 지금이나 오디 맛은 변하지 않은 것 같다. 단지 시간의 마차를 타고 달려온 사람만이 변했을 뿐이다.

겨우 몇 분이 지난 것 같은데 벌써 등은 땀으로 흥건히 젖었다. 세상을 뒤덮은 뜨거운 열기가 턱까지 차고 올라와 숨이 막힌다. 빨리 찾아온 올여름은 유난히 더 덥다. 벌레에 물리지 않고 뜨거운 태양을 가리기 위해 긴팔 옷, 긴 바지로 무장한 탓에 더위는 두 배가 된다.

쉬고 싶을 때면 숲 속 친구들이 날아와 노래를 불러준다. 뻐꾸기 꾀꼬리 · 곤줄박이 · 산비둘기 외에 이름 모를 온갖 새들이 날아와 지저귄다. 새들의 합창은 베토벤의 〈전원교향곡〉이 되어 이곳 산자락은 오케스트라의 무대가 된다. 지휘자는 언제나 바람이다. 나뭇잎들 모두 바람 부는 대로 나부끼고 바람의 리듬대로 고개를 젓는다. 가끔씩 크게 한 번 울어주고 산속으로 달아나는 꿩의 외침은 마치

심벌즈와 같다.

더위도 잊은 채 내 마음도 함께 노래하고 춤을 춘다. 새들의 지저귐을 듣고 있노라면 영혼이 맑아지고 마음이 순수해진다. 그들의 노래에는 사랑과 행복이란 가사만 담겨 있는지도 모르겠다. 서로 주고받는 고운 새들의 노래는 아름다운 사랑의 하모니다. 그들의 합창은 이 세상 그 어떤 성악가의 노래나 오케스트라의 연주보다도 더 아름답고 고운 선율로 내 귀와 마음을 평화롭게 해준다.

이 세상에 존재하는 사람들과 마찬가지로 자연은 서로 다른 모습을 지니고 있다. 하지만 그들은 다름 속에서 서로 도와가며 하나가 되고 서로 어우러져 조화를 이루며 평화롭게 살아간다. 서로의 존재를 있는 그대로 받아들이며 아름다운 화음을 만들어간다.

나도 자연과 하나되고 싶어 잠시 그들 속으로 비집고 들어가 본다. 순수 자연에 비해 나는 걸친 것이 너무 많은 것 같다. 외면뿐만 아니라 내면까지도 치장을 하며 살아가는 것은 아닌지…. 민낯으로 그들 곁에 서 본다. 그들은 내가 부족하여 마음에 들지 않더라도 표현하지 않는다. 단지 침묵하며 참된 나를 뒤돌아볼 수 있도록 사색의 창을 활짝 열어줄 뿐이다.

자연과 하나되어 새들이 들려주는 노랫소리에 귀 기울이다 보니 어느새 바구니에 오디가 가득해졌다. 나뭇가지에 대롱대롱 매달려 무르익은 오디는 손가락을 대면 힘들이지 않아도 가만히 떨어진다.

까맣게 익은 오디가 절정의 시기에 완벽한 하나의 아름다운 열매로 탄생하는 순간이다. 하나의 열매를 맺기 위해 눈보라가 몰아치는 추운 겨울날도 용광로처럼 뜨거운 폭염도 감내해 냈으리라. 수많은 고난의 날들이 있었음을 그들은 드러내지 않는다. 하지만 우리는 알고 있다. 길고 힘들었던 날들 속에서도 그저 묵묵히 성숙해 왔다는 것을. 자연의 경이로움 앞에서 생각해본다. 나는 지금까지 어떤 열매를 맺기 위해 살아왔는가를. 나 아닌 타인을 위해 무엇을 내어 줄 수 있는가를.

나뭇잎이 커지고 초록으로 물들어가는 뜨거운 유월. 뽕나무밭에서 오디를 따며 남아 있는 삶은 아름답고 가치 있는 열매를 맺을 수 있기를 소망해 본다.

프리다 칼로의 예술과 사랑

한 전시회를 두 번 찾아간 건 이번이 처음이다. 지루한 장마와 후덥지근한 날씨도 한몫했다. 시원한 곳이면 어디라도 찾아가고 싶었다. 메마른 삶에 허기진 목마름을 채우려는 것처럼 이른 아침인데도 벌써 많은 관람객들이 전시장에 나와 있다. 점점 자기 혼자의 성城에 살고 있다고 생각하는 현대인들은 예술작품을 통해 자신과 소통하고 공감할 수 있는 영혼의 친구를 찾고 있는지도 모른다.

멕시코 여류화가 프리다 칼로 전시실엔 자화상으로 가득했다. 칼로는 렘브란트(Rembrandt) 다음으로 자신의 얼굴을 가장 많이 그린 화가라고 한다. 그녀의 작품 143점 중 55점이 자화상이다. 화면 가득한 그녀의 얼굴을 바라보노라면 다음 작품으로 쉽게 걸음을 뗄 수가 없다. 관객을 바라보고 있는 듯한 그녀의 눈빛이 예사롭지 않게 다가오기 때문이다.

거의 맞붙어 있는 듯한 짙은 일자 검정색 눈썹을 지닌 그녀는 관람객을 강하게 쏘아보고 있다. 그녀의 삶과 사랑을 설명해 주고 싶어서일까. 작품 앞에 서 있으면 우리가 그녀를 바라보고 있는 것이 아니라, 마치 그녀가 우리를 응시하고 있는 듯하다. 무슨 말인가 우리들에게 건네려 한다는 말이 더 정확하리라. “나는 너무나 자주 혼자이기에, 내가 가장 잘 아는 주제이기에 나를 그린다.”라고 했다. 그녀가 즐겨 자화상을 많이 그린 것은 외로운 자신을 잊기 위해서이기도 하지만 정작 하고 싶은 말은 칼로의 전 생애를 통해 줄기차게 흔들어놓았던 사랑이 아니었을까. 사랑이 도대체 무엇이길래 한 영혼을 송두리째 사로잡고 마는 것일까.

그녀는 “내 인생에 두 번의 대형사고가 있었다. 하나는 전차사고이며 다른 하나는 디에고와의 사랑이다.”라고 말했다. 그렇다. 프리다 칼로에게 사랑이란 인생의 대형 사고였다. 그녀의 육체를 부스러뜨린 교통사고보다 그녀에게 더 큰 영향을 미친 사건은 화가 디에고와의 사랑이었다. 자화상에 디에고가 유난히 자주 등장한 까닭은 그를 향한 사랑 때문임을 쉽게 짐작하게 된다. 그녀는 사랑하는 디에고로 인해 슬프고 고통스러웠지만 사랑하는 남자를 그리고 또 그렸다.

그들이 펼쳐간 사랑의 여정은 상식을 뛰어넘는다. 스물한 살 연상의 바람기 많은 남자 디에고와의 결혼을 가족들은 한사코 반대했다. 그럼에도 불구하고 그녀는 그를 선택했다. 하지만 디에고는 그녀의 동생을 비롯 수많은 여인과 바람피운다. 칼로도 한때 다른 사람과 사랑에 빠졌던 일이 있다. 어떤 경우엔 디에고의 반대로 사랑하는 사람과 이별을 해야만 했다. 비극적인 드라마 같은 그들 관계의 정체는 도대체 무엇이었을까. 그들은 상대를 자신의 분신처럼 사랑하지만 때로는 용서할 수 없는 지경에 이르러 이별을 선언한다. 사랑할 수밖에 없는 운명이었을까. 그들은 결국 다시 연인이 되고 동지가 된다.

〈우주, 대지(멕시코), 디에고, 나, 세뇨르 솔로틀의 사랑의 포옹〉, 〈내 마음 속의 디에고〉 등 그녀의 그림 속엔 온통 디에고뿐이다. 그는 그녀의 아이이고 애인이며 우주였다. 〈내 마음속의 디에고〉에서는 이마에 디에고 얼굴을 그려 넣었다. 디에고는 늘 그녀 인생에 모든 것이었음을 증명해 주고 있다. 생애 후반에 디에고와 혁명에 참여하다 세상을 떠난다. "나의 평생 소원은 단 세 가지, 디에고와 함께 사는 것, 그림을 계속 그리는 것, 혁명가가 되는 것이다."라고 했듯이.

화가인 디에고를 사랑할 수밖에 없었던 것은 어쩌면 그녀의 숙명이었는지 모른다. 그의 예술을 너무나 사랑했기 때문이다. 예술을 추구하는 동반자였기에 그를 향한 사랑이 더 뜨거웠는지도 모르겠다. 자신과 너무나 닮은 또 다른 분신이라 여겼기에. 사랑은 마주 보는 것이 아니라 한곳을 바라보는 것이므로. 세계적인 사랑을 나눈 클라라와 슈만의 한결같은 사랑도 그들이 함께 추구한 음악이라는 예술이 있었다.

한 예술가의 고통은 예술로 승화되는 강력한 에너지가 된다. 칼로는 견디기 힘든 육체의 고통에도 불구하고 포기하지 않고 그림을 그렸다. 육체의 상처보다 더 아픈 사랑도 목숨처럼 받아들였다. 화면 가득 그려진 그녀의 얼굴은 그래서 더 슬퍼 보인다. 설명하기 힘든 내면의 고통을 삭히고 있는 것 같다. 화면을 뚫고 나올 것 같은 강렬한 눈빛엔 그녀가 하고 싶은 말들이 가득 담겨 있다. 그래서 커다란 눈엔 감출 수 없는, 설명할 수 없는 외로움과 고독이 잔뜩 묻어 있다. 외면하기 어려운 그 표정이 나의 발목을 잡는다.

비극적인 삶 속에서도 자신의 예술을 포기하지 않았던 프리다 칼로. 혼신의 힘을 다해 정열적으로 그림에 몰두한 그녀의 예술혼이 나를 큰 감동으로 몰아넣었다. 견디기 힘든 아픔을 예술로 승화시킬 수 있었던 것은 신비한 사랑의 힘 때문이리라. 내 삶을 돌아본다. 지금까지 그토록 온 마음을 다해 몰두한 것이 있었나. 그녀만큼 뜨거운 열정을 쏟아 부은 적이 있었던가. 그런 사랑은 있기나 했었나. 사랑이 다가오면 사랑이 두려워 고슴도치처럼 가시를 세우고 스스로 안으로 숨어버린 것은 아닌지….

전시장을 돌아나오니 조각공원이 기다리고 있다. 그곳에서도 여러 작가들의 작품들이 뜨거운 태양 아래 빛나고 있었다. 어느 한순간 작가의 혼을 흔들어 잉태된 산물이지만 그 가치는 영원한 빛을 발하는 것임을 알려주듯이. 하나의 빛나는 예술 작품이 탄생하기까지 얼마나 오랜 시간 동안 예술가는 홀로 고독해야 하는가.

나는 걸으며 생각해본다. 내게 남은 삶의 시간을 위해 온 힘을 쏟아부을 수 있는 일이 무엇인가를. 빛나는 작품이 아니더라도 풍요로운 삶을 위해 할 수 있는 일이 어떤 것인가를. 수많은 예술 작품은 시간에 쫓기다시피 그저 앞만 보고 달려가는 세인들에게 손짓한다. 멈추면 비로소 보이는 삶의 가치들을 찾아보라고.

오늘 화가는 붕어

비가 내린 8월의 오후. 후드득 쏟아졌던 소나기가 멈췄다. 시원한 바람이 코끝에 흙냄새를 묻히고 지나간다. 용광로처럼 뜨겁게 달궈졌던 대지가 여우비로 열기가 조금 사그라졌다. 맑은 하늘과 시원해진 바람이 나에게 손짓을 한다. 집 앞 작은 연못가를 거닐어 보아야겠다.

커다란 나무들은 비에 젖은 잎사귀들을 햇빛에 펼쳐 놓았다. 수풀 사이에 심심치 않게 피어 있는 보라색 쑥부쟁이, 분홍색 싸리꽃, 노란색 야생화들이 촉촉해진 얼굴로 수줍은 미소를 보낸다. 잠시 침묵하며 기다렸던 풀벌레들이 힘차게 합창하기 시작했다.

조금 전 사나웠던 빗줄기들로 동그란 파문을 그리던 연못. 이제 조용하려나 했더니 깊이 숨어있던 물고기들이 다시 나왔다. 커다란 주둥이를 뻐끔거리며 수면 아래위로 유유자적하는 모습이 정겹다. 모두 한가로움 속에 빠져 있다. 평화의 여신이 머물고 있는 느낌이다.

이웃 동네 할아버지께서는 늘 싱글벙글. 저 멀리서 오시는 모습이 그림처럼 보인다. 동네 끄트머리에 있는 우리 집을 가끔 찾아주는 분이다. 하얀 모시 옷 입고 자연 속에 나무 한 그루처럼 너풀거리며 성큼성큼 오신다. 오늘은 부채를 든 할아버지 손에 수박 한 통이 들려 있었다. 검게 그을린 주름진 이마에 땀방울이 송글송글 맺혀 있었다.

이런 날은 책을 그만 보고 푸른 자연을 바라보라고 말씀하신다. 자연이 초록색인 것은 매일 고생하는 눈을 쉬라는 뜻이라며. 지긋한 연세에도 불구하고 바리스타시다. 할아버지 댁을 방문할 때마다 핸드드립 커피를 만들어 주신다. 사진에도 조예가 깊어 성당 행사가 있는 날이면 촬영은 할아버지가 도맡아 하신다. 혼자서 여행하는 것도 좋아해서 할아버지 이야기 주머니에는 늘 온갖 소재로 가득하다.

연못가 느티나무 아래서 두런거리며 시원한 수박을 먹었다. 구수한 입담으로 들려주시는 할아버지의 이야기에 빠진다. 얼굴에 그려진 주름살보다도 더 많은 옛이야기들이 실타래처럼 풀려나온다. 누에가 실을 뽑아 고치를 만들듯이 할아버지 이야기는 끝이 없다.

"하나밖에 없는 우리 누이가 수녀간호사 되어 독일로 떠났다오. 어느 날 병원에 입원한 벨기에 청년과 사랑에 빠졌어요. 이루어질 수 없는 사랑이었지요. 그 이후 행방불명이 되었답니다. 그 청년은 수소문 끝에 내게 편지를 보냈어요. 누이의 행방을 물었지만 나도 역시 알 길이 없었지. 그나 나나 평생을 찾고 있는 셈이지요."

흙 냄새 맡으며 풀벌레 노래 소리 들으며 할아버지 이야기에 귀 기울이며 우리는 자연 안에서 한 풍경이 된다.

할아버지 머리 위로 바람결에 살랑대는 나뭇잎들이 하늘거린다. 우리들의 이야기를 듣고 있던 바람인가. 바람이 일 때마다 햇빛이 흘러내리는 나뭇잎에 물결이 일어난다. 누군가가 나뭇잎에 그림을 그리고 있었다. 나무 저 아래, 연못 위에도 동그라미가 그려지고 있다. 그려진 하나의 동그라미가 멀리멀리 사라지면 새로운 동그라미가 또 그려졌다. 연못 속의 붕어들이 연신 원을 그리고 있었다.

연못 위에 반짝이는 여름 햇살은 붕어들이 만든 파문을 바람결에 실어 나뭇잎에 보낸다. 마치 흑백영화를 보여주는 영사기처럼 그림이 그려졌다가는 사라진다. 할아버지 머리 위 초록빛 나뭇잎에 그림이 그려지는 순간이 바람결처럼 지나간다. 순간의 시간이 흐르고 그 시간 속에 나의 인생도 흘러가고 있는 것이리라. 점으로 머물다 가는 영겁의 한순간이. 이는 바람처럼 동그란 파문처럼 나뭇잎에 그려진 물결처럼 흘러가는 강물을 막을 수 없듯 아무도 흐르는 시간을 막을 수 없는 법. 이 순간도 영원히 다시 오지 않을 바람처럼 지나가고 있다. 과거는 지나간 바람이요, 미래는 어디로 흐를지 모르는 구름이거늘. 지금 여기, 이 순간이 소중할 뿐이다.

오늘 나의 마음속에 그려진 그림은 비 갠 여름날 오후의 승경 한 점. 영원히 간직하고 싶다. 하늘 화가는 해님 뒤에 숨어 연못 화가 붕어를 부러워하고 있다.

소중한 그림 상자

나는 서해안의 작고 조용한 마을에서 태어났다. 우리 집은 동네의 끄트머리에 있었다. 나지막한 산자락이 울타리가 되어주는 작고 아담한 집이었다. 그 안에는 늘 사랑하는 가족들의 웃음소리가 가득했다. 다시 돌아가고 싶지만 시간을 되돌릴 수는 없다. 고향집을 생각하면 그립고 아련한 어린 시절이 떠오른다.

집 앞에는 논밭이 끝없이 펼쳐져 넓은 평야 같았다. 그 앞 끝나는 지점에 하얀 염전과 저수지가 있고, 그 옆에 높은 방파제, 그리고 그 너머에 넓고 푸른 바다가 있다. 우리 집 마당에서도 바다를 볼 수 있었다. 그래서 늘 바다는 내 마음의 고향과 함께 있다. 한참 걸어서 가야 하지만 종종 친구들과 함께 해가 질 때까지 바닷가에서 어울리다 돌아오곤 했다. 나물과 파래를 따오기도 하고 조개와 고둥도 주워 왔다. 때로는 바위에 붙어 있는 싱싱한 굴을 따먹기도 했다. 세월이 갈수록 어릴 적 추억들이 새록새록 떠오른다.

저녁때가 되면 푸른 바다는 아름다운 석양을 선사해 주었다. 끝없이 펼쳐진 수평선 위로 사라져가는 태양의 모습은 이루 말할 수 없이 아름다운 광경을 연출했다. 붉게 타오르다 주황색으로 변하고 다시 노랑으로 변한다. 낮과의 이별이 아쉬운 듯 멈칫거리다 이내 바다 속으로 사라지고 마는 일몰의 장관은 어린아이의 가슴에도 신비스럽고 황홀한 모습이었다.

어린 시절은 모두 맑고 아름다운 풍경으로 가슴에 새겨져 있다. 봄이 되면 동생들과 뒷동산에 올라 진달래를 따먹으며 봄맞이를 했다. 입술에 보라색 물을 들이며 깔깔대던 평화로운 시절이었다. 봄바람이 살랑거리는 날에는 어머니를 따라 들에 나가 달래와 냉이를 캤다. 봄내 가득한 냉이와 달래의 향은 내게 또 다른 고향의 향기다.

더운 여름이 되면 저수지로 달려갔다. 수영을 할 줄 몰라 얕은 물에서 두 손으로 바닥을 짚고 물장구를 쳐보곤 했다. 때로는 진흙 속에 파묻힌 까막죽도 주워 왔다. 저녁이 되면 마당에 멍석을 펴놓고 밥상에 둘러앉아 어머니가 정성스럽게 준비하신 따뜻한 밥을 맛있게 먹었다. 아버지는 마당 한구석에 쑥을 태워 모기를 쫓아 주셨다. 우리 남매들은 멍석에 누워 밤하늘의 별들을 헤아려 보기도 하고 어느 별이 가장 밝게 반짝이는지 찾아보다가 제일 밝은 별이 서로 자기별이라고 우기기도 했었다.

가을엔 벼 타작을 하고 쌀을 찧어 시루떡을 하는 풍속이 있었다. 동네 이웃과 떡을 나누며 무탈하게 농사지을 수 있게 해준 조상께 감사를 드리는 민속 중의 하나일 게다. 겨울에 하얀 눈이 오면 친구들과 눈을 굴려 눈사람을 만들었다. 초록 솔잎과 검정 숯을 꾹꾹 눌러 정겨운 얼굴을 만들었다. 그 옆에서 눈을 뭉쳐 서로를 맞추며 두 볼이 빨개지도록 눈싸움을 하곤 했다.

논에 얼음이 꽁꽁 얼면 아버지께서 손수 만들어주신 썰매를 가지고 어두워질 때까지 지쳤다. 너무 신나게 썰매를 탄 동생은 곤한 잠에 빠져 요에 지도를 그리는 날도 종종 있었다. 그 다음날 아침이면 어김없이 어머니께서는 동생에게 심부름을 보내신다. 키를 쓰고 옆집에 가서 소금을 받아 와야 하는 일이다. 이웃 아줌마는 소금을 뿌리시며 큰 소리로 야단을 치셨다. 눈물을 뚝뚝 흘리며 호된 꾸중을 듣고 돌아오는 동생이 안쓰럽기도 했지만 참았던 웃음이 터져 나오는 바람에 어머니의 꾸지람을 듣곤 했다.

내가 예닐곱 살 때쯤이다. 평생 잊지 못할 일이 발생했다. 우리 집에는 꼭 지켜야 하는 규칙이 하나 있었다. 저녁식사 전에 손과 발을 씻는 일이다. 우리 남매들은 귀찮아했지만 어머니는 엄격하게 지키도록 하셨다. 어느 날 세 동생이 한꺼번에 우물로 몰리는 바람에

난 혼자서 큰 소리로 불러야 겨우 들릴 만한 거리의 용수정으로 갔다. 논 가장자리에 있는 그곳은 동네 아주머니들의 공동 빨래터였다. 그때는 저녁을 준비하는 시간이어서 아무도 없었다. 빨랫돌 위로 올라갔다. 발에 물을 끼얹으려고 허리를 굽혀 손을 물속에 넣는 순간, 돌이 흔들려 그만 미끄러져 버렸다. 물속에서 허우적거리다 지쳐 기절하지 않았나 싶다.

나의 천명天命은 거기서 끝이 아니었나 보다. 그때 마침 고삐를 놓쳐 도망가는 황소를 잡기 위해 그곳으로 달려오던 아저씨 한 분이 계셨다. 그분 시야에 움직이는 까만 물체가 들어와 무조건 들어 올렸다고 한다. 용수정 안에 아이가 빠졌으리라고는 상상도 못했다고 했다.

그런 줄도 모르고 우리 가족들은 동네 이곳저곳을 찾아다니며 큰 소리로 이름을 불러댔다. 그때 아저씨가 기절한 나를 안고 왔으니 얼마나 놀랐을까. 그 아저씨가 그 우물가를 지나가지 않으셨다면…. 아버지께서는 그 아저씨에게 코가 삐뚤어지도록 술을 사드렸다는 후일담을 들으면서도 가슴을 쓸어내렸다. 그때의 절묘한 순간은 아직도 불가사의하기만 하다. 그 일이 떠오를 때마다 운명은 자신에 의해 운영되는 것이 아니라 어떤 커다란 힘에 의해 작용되는 것이 아닌가 하는 생각이 든다.

지금은 아스라이 멀어진, 다시 돌아갈 수 없는 시간 속의 기억들이다. 근심 걱정 없는 철부지였지만 어쩌면 사랑이라는 울타리 안에서 맘껏 뛰놀던 가장 행복했던 때가 아니었나 싶다. 앨범을 다시 꺼내 보듯 가끔 내 마음속의 소중한 그림 상자를 꺼내본다. 내 마음 한편에 자리 잡고 있는 따뜻한 방에 그 어린 시절이 담겨 있다.

시집 한 권 건네준 여인

"오늘 시간 있으세요?"

"어떡하죠? 약속이 있는데요."

"그러면 시간 있으실 때 한번 들러주세요. 드릴 것이 있어요."

오늘 아침 지루한 장맛비 속을 뚫고 날아온 그녀의 목소리는 맑은 하늘이었다. 며칠 동안 쉼 없이 내리는 비에 갇혀서 지내고 있는 요즈음 습기 차고 칙칙했던 내 마음을 말끔히 씻어주는 듯했다. 평소 자주 연락하며 지내는 사이는 아니지만 왠지 기분 좋은 느낌이다.

그녀를 만난 것은 약 십여 년 전이다. 남편이 정년퇴직한 후 조용한 시골에서 여생을 보내고자 서울에서 우리 마을로 이사 왔다. 약사

였던 그녀는 전원생활을 시작하면서 조그마한 약국을 차렸다. 따뜻한 미소와 다정한 상담은 마을 주민들의 아픔을 다독여주기에 충분했다.

그녀의 가정은 사람들이 부러워하기에 손색이 없다. 첫째 아들은 미국 모 회사에서 한국을 대표하는 경제담당자가 되었고, 둘째 아들은 우리나라 정부기관 고문 변호사라고 한다. 자상한 남편은 정원에 소나무 · 자작나무 · 향나무 등 여러 종류의 나무를 심었다. 백두산에만 산다는 구하기 힘든 야생화까지 정성 들여 심으며 아담한 정원을 가꾸었다. 그 옆에는 빨강 · 노랑 · 하얀 잉어들이 한가로이 노니는 작은 연못도 만들었다. 집 옆에는 텃밭을 일구어 갖은 야채를 상에 올리기도 한다. 남편과 아내의 역할이 바뀌었다고 할 수도 있지만 시골로 이사한 뒤부터 그것이 그들 삶의 일상이 되었다.

대부분의 우리네 삶이 그러하듯 그들에게도 쉽사리 터놓을 수 없는 아픔이 있었다. 많은 시간이 흐른 뒤에야 그녀는 가슴속에 묻어 두었던 속내를 아주 조금씩 내비치기 시작했다. 사랑하는 딸이 타인의 도움 없이 혼자 생활하기 어려워 어느 장애인 보호시설에 맡겼다고 한다. 그들의 삶에 가끔 그늘이 드리워지게 하던 이유였다.

손님이 없을 때면 그녀는 빼곡히 쌓여 있는 약상자들 사이에 앉아 늘 책을 읽는다. 아마도 글 숲의 산책이 작은 위로가 되어 주기 때문이리라. 다른 사람들에게 약을 조제해 주는 약사이면서 정작 자신의 가슴속 아픔은 치료하지 못하고 있는 모양이다. 가끔 그녀는 창밖에 하염없는 시선을 던지며 멍하니 서 있을 때가 있다. 커다란 눈은 깊고 고요한 호수와 같다. 하얀 가운을 입고 서 있는 그녀의 얼굴에는 기다림과 그리움의 표정이 가득하다. 창밖을 응시하는 먼 시선 끝에는 아마도 이 세상에 하나밖에 없는 사랑하는 딸이 있지 않을까.

오늘도 여전히 비는 그칠 기미가 보이지 않는다. 한번 들러달라던 말과 따뜻한 차 한 잔이 그리워 무작정 차를 몰고 나섰다. 손님이 없어서인지 책을 읽다 환한 미소로 반갑게 맞이해 준다. 그리곤 내 앞에 불쑥 책 한 권을 내밀었다. 헤르만 헤세의 시집이다. 내가 좋아할 것 같아서 인터넷으로 주문했다고 한다. 순간 나는 울컥해져 잠시 말을 잊었다. 감기로 몸도 마음도 지쳐 있던 나의 심신에 따뜻함이 전해져 왔다.

사실 나는 '오뉴월 감기는 개도 아니 앓는다.'라는 속설을 무색하게 할 정도로 힘든 날들을 보내고 있었다. 뜨거운 여름날 혼자서 겨울을 맞이한 것처럼 오한으로 떨며 지냈다. '시간이 좀 지나면 낫겠지.' 하며 가볍게 생각했다가 몸살까지 겹쳤다. 뜨거운 태양 아래 거의 매일 오디를 딴 것이 화근이 되었다.

감기를 앓고 있는 나를 기억하며 한 권의 시집을 건네는 그녀의 마음에 가슴이 뭉클해진다. 자신의 깊은 아픔을 치유하기도 벅찰 텐데 오늘도 변함없이 다른 사람에게 사랑을 전하며 살아가고 있다. 하루에도 수많은 사람들에게 약을 건네주며 미소를 잃지 않는 그녀야말로 삭막한 우리들의 일상에 한 줄기 빛이 되어주는 천사라는 생각이 들었다.

사람들은 대부분 저마다의 아픔을 안고 살아간다. 겉으로 보이는 것보다 보이지 않는 더 큰 아픔이 있게 마련이다. 보이는 것은 간단히 치유할 수 있겠지만 영혼 저 깊숙이 잠겨 있는 고통은 치유하기 쉽지 않다. 단지 사람들은 그 상처를 가슴에 품고 삭히며 살아가고 있을 뿐이다. 어쩌면 현대인들은 누구나 힐링이 필요하다고 해도 과언이 아니다.

마음이 담긴 사랑을 실천하는 사람은 스스로 미미한 베풂일 뿐이라고 겸손해 할 수도 있다. 하지만 그 사랑은 사람들의 아픔을 치유하고 가늠할 수 없는 커다란 기쁨, 행복, 위안을 가져다준다. 사랑은 육체의 아픔뿐만 아니라 마음의 병을 치유해 줄 수 있는 강한 힘이 있기 때문이다. 그녀는 나 아닌 타인의 삶의 그늘과 영혼의 아픔까지도 읽을 수 있는 마음의 눈이 있었다. 어린 왕자가 여우에게 배운 것처럼.

"가장 중요한 것은 마음으로 보아야 한다."

는 울림이 그녀를 통해 다시금 내 가슴에 메아리친다.

그녀의 따스한 사랑의 실천은 아주 오래전부터 그녀의 삶 속에서 길어 올린 깊고 진실한 사랑이 있었기에 가능한 것이리라.

매미의 노래

숲으로 둘러싸인 우리 집은 요즈음 창밖이 음악 감상실 같다. 문만 열면 들려오는 오케스트라 연주가 장관이다. 무성한 수풀 속 수많은 풀벌레들의 노래가 산기슭에 울려 퍼진다. 서로 다른 소리들은 아름다운 합창이 되어 리듬을 탄다. 그들이 어디에 있는지 어떻게 생겼는지 모습들을 찾아보기란 쉽지 않지만 밤낮으로 끊임없이 들려오는 노래는 나의 귀를 즐겁게 한다.

그중 으뜸은 단연 매미다. 한 철이지만 여름날 가장 빼어난 음색을 자랑하며 목청을 돋운다. 매미는 육칠 년 동안 땅속에서 애벌레로 길고 긴 잠을 잔다. 새로운 탄생을 위해서는 긴 인내의 시간이 필요한가 보다. 오랜 기간 어둠 속에 머물다 밝은 세상 밖으로 나오지만 고작 서너 주일 살다가 생을 마감한다. 그 기간만큼이라도 아무 일없이 살 수 있으면 그나마 다행이련만 그들에게는 언제 어디서 마주칠지 모르는 생사의 위험이 도사리고 있는 경우가 허다하다.

오늘도 여느 때와 다름없이 매미들은 고아한 음색을 자랑하듯 신나게 노래를 하며 아침을 연다. 얼음판 위의 스케이트처럼 노랫소리가 매끄럽게 흘러간다. 오랜 시간 동안 기다려왔던 자신의 탄생을 세상에 알리려는 듯 산기슭에 힘찬 가락이 울려 퍼진다. 오늘도 수컷들은 짝짓기를 위해 암컷을 유혹하는 사랑의 세레나데를 부르느라 여념이 없다. 서로 목청을 우렁차게 돋우는 것은 수컷들끼리 경쟁을 해야 하기 때문이란다.

매미의 노래 소리를 타고 먼 옛날 어린 시절 원두막으로 날아간다. 뜨거운 여름날 넓은 밭에 노란 참외와 초록색 수박이 뒹굴며 익어갈 때쯤이다. 동네 사람들과 엄마와 함께 커다란 수박을 툭툭 쪼개어 맛있게 먹곤 했다. 배가 불러 졸음이 몰려오면 엄마 무릎을 베고 낮잠을 잤다. 엄마는 부채질을 해주며 더위를 쫓아주곤 하셨다. 그때 들려왔던 매미들의 노래는 언제나 나를 잠들게 하는 달콤한 자장가였다.

마음을 정갈하게 가다듬고 글 숲을 거닐어 보려는데 갑자기 창밖이 요란하다. "맴 맴 맴 맴…." 목청을 기다랗게 뽑는 제법 큰 소리가 창문 가까이서 들려왔다. 잠시 책에서 눈을 떼고 귀를 열어 매미소리를 음미해 본다. 악기도 아닌 한낱 곤충에서 어찌 저렇듯 고운 음이 유연하게 울려나올 수 있을까. 한참 동안 노랫소리에 빠져 있을 때였다. 마치 클라이맥스로 치달으며 연주되던 바이올린 현이 튕겨져 나가듯 매미의 울음이 뚝 끊겼다. 이어서 "끼 끼 끼 끼…." 하며 겁에 질린 듯한 소리가 들려온다. 눈을 들어 창밖을 바라보니, 아뿔싸! 매미가 거미줄에 걸렸다. 다른 나무로 날아가다 길을 잘못 들었나 보다.

아주 커다란 거미는 빠르게 줄을 타고 달려와 기다란 다리로 매미 정수리를 마구 때린다. 태어나 처음 보는 장면이다. 나는 의자에서 용수철 튀어 오르듯 밖으로 뛰쳐나갔다. 눈에 띈 막대기를 집어 들자마자 거미줄을 낚아챘다. 순간 거미는 어디론가 사라지고 거미줄에 싸인 매미만이 막대기에 붙어 있었다. 매미의 신음소리가 들리는 듯하다. 날개를 비롯하여 온몸에 붙은 끈적끈적한 거미줄을 걷어 내는 동안 커다란 두 눈이 공포로 가득한 채 껌벅거릴 뿐이다. 아침 햇살을 가르며 노래하던 위풍당당한 모습은 어디로 갔는지.

매미는 팔다리만을 겨우 움직이며 나에게 살아있다는 신호를 보냈다. 나무 위에 올려보았으나 지탱하지 못하곤 이내 바닥으로 떨어진다. 화단 가운데 작은 나무 아래에 두었다. 걱정스런 마음은 하루 종일 그곳을 향해 있었다. 점심때에도 저녁때에도 가보았지만 여전히 그 자리에서 작은 다리들만 꼼지락거릴 뿐 아직 날아가지 못했다. 충격이 컸던 것일까. 날지 못하는 매미 생각에 통 잠을 자기 어려웠다.

다음날 여느 때와 마찬가지로 풀벌레들은 아침부터 합창을 하고 있었고 매미들도 우렁차게 노래하고 있었다. 일어나자마자 화단으로 달려갔다. 오, 매미는 그곳에 있지 않았다. 정말 다행이다. 잠 못 이루게 했던 염려는 노파심 때문이었을지도 모른다. 그렇게 생각하니 마음이 평온해진다. 오늘은 어제보다 더 큰 소리로 사랑노래 들려주기를 바라본다.

그들은 늘 그렇게 우리들 곁에서 노래를 불러주며 살아가고 있다. 세상사로 마음이 산란할 때가 많지만 자연이 들려주는 소리, 매미와 풀벌레들의 세레나데를 듣노라면 마음이 평안해진다.

매미는 내년 여름에도 아낌없이 우리들에게 시원한 노래를 선사해 줄 것이다. 즐겁고 아름다운 사랑의 노래를.

"맴 맴 맴 매애애, 애애 매애음."

나에게 음악은

고등학교 시절이었다. 레코드 가게에서 좋아하는 음악이 흘러나오면 걸음을 멈추고 듣곤 했다. 마음에 드는 곡들의 제목을 모아 깨알같이 적어가면 주인 아저씨는 정성들여 작은 테이프에 녹음해 주었다. 나의 애장품인 카세트를 옆에 끼고 얼마나 많이 되돌려 듣기를 했던가. 때로는 라디오에서 처음 들은 감미로운 팝송이 흘러나오면 무조건 그 가게로 달려갔다.

"아저씨, 〈로미오와 줄리엣〉에 나오는 '따 라 라 라아….' 이 노래 제목 아세요?"

"아, 그 노래 〈A time for us.〉일 거야."

하며 들려주신다. 아저씨는 내 어설픈 설명으로도 곡목을 정확히 알아내셨다. 참 신기했다. 나의 음악 사랑은 그렇게 시작되었다. 천상의 목소리 나나 무스쿠리, 바람의 말을 전해주던 밥 딜런, 비틀즈 등 어디 팝뿐인가. 시냇물처럼 흘러가며 마음을 설레게 했던 주옥 같은 경음악은 물론 산울림, 김정호, 송창식, 박인희 같은 통기타 가수들이 불러주는 가요도 나의 심금을 울렸다. 당시 〈밤을 잊은 그대에게〉라는 음악 프로그램을 듣느라 밤잠을 설친 젊은이들이 부지기수였다. 시그널 뮤직이 온 밤 파도처럼 퍼져나가면 블랙홀처럼 빨려 들어갔다. 수많은 음악과 노래들이 영화 속에서 아름다운 빛을 발해 우리 가슴속에 영원히 간직되기도 한다. 지금도 마찬가지이지만 돌아보면 책만큼이나 좋은 친구가 되어준 것은 음악이었다. 나의 젊은 청춘은 그렇게 지나갔다.

세월이 흐르며 음악은 나의 일상에 깊숙이 파고들었다. 다양한 음악세계를 접하며 자연스레 클래식으로 옮겨갔다. 모든 음악과 예술은 한 길이었음을 알게 되었다. 철학자와 시인, 음악가들이 서로 교류하며 명곡을 탄생시키기도 한다. 시인 빌헬름 뮐러의 〈겨울 나그네〉와 〈아름다운 물방앗간 아가씨〉는 슈베르트가 매력을 느껴 만든 곡으로 감성적인 선율이 잘 어우러진 작품이다. 그의 서정시들은 슈베르트의 멜로디를 타고 영원한 고전이 되었다.

정작 슈베르트가 진심으로 존경하던 시인은 괴테라고 한다. 슈베르트의 〈마왕〉과 〈들장미〉의 가사가 모두 괴테의 시다. 그가 괴테의 시로 지은 가곡이 칠십여 개나 되는 걸 보면 그를 얼마나 존경했는지 짐작이 간다. 괴테를 너무나 만나고 싶었던 나머지 친구를 통해 자신이 쓴 가곡들을 전하기도 했지만 두 사람의 만남은 안타깝게도 이루어지지 않았다고 한다. 괴테가 좋아한 음악가는 멘델스존이었다. 멘델스존이 열두 살에 작곡한 노래를 듣자마자 "이 소년의 곡에는 훌륭한 절제가 살아 있다."라는 찬사와 함께 호감을 표했다고 한다.

다른 예술과 마찬가지로 음악은 삶이고 삶은 곧 음악이 된다. 음악에는 인생의 희로애락이 씨줄과 날줄로 엮여 있다. 그중에 인류의 영원한 테마인 사랑을 빼놓을 수 없다. 예술과 사랑은 어쩌면 한길이 아닐까. 예술에 사랑의 부재는 무의미할 터이니. 그래서 삶은 더욱 아름다운 것이리라.

음악가 중에 세기의 사랑 이야기로 유명한 클라라와 슈만이 있다. 슈만은 스승의 딸 클라라를 보고 사랑에 빠졌다. 당시 클라라는 천재 피아니스트로서 명성을 얻고 있었지만 슈만은 손가락을 다치는 불운으로 더 이상 피아니스트로서의 미래를 기대할 수 없었다. 사랑의 힘은 위대하여 반대하는 스승과 법적 투쟁까지 벌여 결국 결혼에 성공한다. 그때까지 작품 활동이 활발하지 못했던 슈만이지만 결혼하던 해, 백오십여 곡의 노래를 작곡했다. 그것은 사랑하는 클라라가 있었기에 가능했으리라. 그녀의 도움으로 교향곡을 비롯해서 피아노 협주곡, 오페라 및 실내악곡도 발표했다. 또한 문학을 사랑하여 많은 글도 썼다. 말로 설명할 수 없는 것들을 음악과 글로 표현하고 싶었는지도 모른다.

슈만의 평론 덕으로 유명해진 제자 브람스는 클라라를 사랑하게 되지만 스승에 대한 고마움과 의리 때문에 끝까지 우정의 관계를 유지하였다고 한다. 클라라와 슈만의 사랑, 슈만에 대한 브람스의 존경, 브람스와 클라라의 우정이 아직도 음악사에 회자되고 있는 이유이다.

나는 웅장한 오케스트라보다는 독주와 실내악을 더 좋아한다. 몇 해 전 피아노의 시인이라 불리는 백건우의 연주회에 갔다. 그의 피아노 음색은 맑고 밝다. 건반 위에서 춤추는 손가락들이 아름다운 소리를 만들어 간다는 것이 참으로 신기하기만 하다. 연주 후 고단함도 잊고 일일이 사인을 해주는 여유에서 또 한 번 거장 예술가로서의 면모를 읽을 수 있었다. 백건우 외에도 키신(Kissin), 랑랑(Lang Lang), 조성진의 피아노 선율들이 나를 행복하게 만든다. 취미로 피아노를 배우다 중도에 그만둔 일이 두고두고 아쉬움으로 남는다. 언제 다시 도전할 수 있으려나.

때로는 음악에 맞춰 리듬을 타본다. 발레리나 강수지처럼 우아하게, 피겨의 여왕 김연아처럼 두 팔 벌려 하늘을 쳐다보고 싶은 것은 소망 사항일 뿐. 팔다리를 자유스럽게 움직여 보지만 조르바의 춤도 못된다. 흐르는 리듬에 몸과 마음을 맞추어 볼 뿐이다. 그 순간만큼은 모든 것을 잊게 된다. 때로 음악은 나를 무아의 경지로 이끈다.

많은 소리는 내게 음악으로 들려온다. 만들어진 음악도 있지만 세상은 아름다운 자연의 소리로 가득하다. 새들의 노래, 바람 소리와 파도 소리, 봇도랑에 흐르는 시냇물 소리는 아름다운 선율이 되어 마음에 스며든다. 영혼을 흔든다. 멀리서 들려오는 다듬이 소리, 엄마의 부드러운 자장가는 잊을 수 없는 나의 영원한 향수다.

해가 저 산 너머 뉘엿뉘엿 사라질 때면 내 작은 방에 〈세상의 모든 음악〉이 흐른다. 하루를 마무리하는 시간에 여러 나라의 다양한 음악들이 흘러나와 즐겨 듣고 있다. 산란한 일들이 있었어도 음악과 함께 하는 그 시간엔 모든 감정이 성글어진다. 행복 바이러스가 온몸에 퍼진다. 내 마음을 평온케 해주는 테라피스트다. 먼 곳에서 반짝이는 별들을 바라보며 아름다운 꿈을 꾼다. 상상의 나래를 펴며 무엇인가 적어 보기도 한다. 어쩌면 가장 진실한 내 자신이 되는 시간인지도 모른다.

음악은 나와 코드가 아주 잘 맞는 단짝 친구다. 쏟아지는 음표들이 내 가슴속 현을 켜준다. 남아 있는 삶도 아름다운 음악이 내 안팎에서 연주되었으면 좋겠다.

상상할 수조차 없다. 음악이 없는 세상은.

노란 고양이 가족

우리 집은 야트막한 산 아래 작은 암자처럼 앉아 있다. 보이는 것은 초록이요 들리는 것은 새들의 노래, 풀벌레 우는 소리, 바람 소리와 가끔 산에서 들려오는 고라니의 짝 찾는 소리뿐. 너무나 조용해서 내 발자국, 옷 스치는 소리에도 내 것이 아닌 양 놀랄 때가 있다. 난 이 고요를 좋아한다.

인적이 드문 산자락에 낯선 손님이 찾아왔다. 초록 풀밭 위 노란색이라 눈에 더 잘 띄었을까. 나무와 꽃, 풀들의 호기심 어린 눈동자들은 새로운 방문객의 일거수일투족을 따라간다. 작은 고양이 한 마리. 가냘프나 쉬 곁을 내주지 않을 것 같다. 친구가 되고 싶어 '순이'라는 이름을 지어주고 따라다니며 불렀다. 수줍음을 잘 타던

내 친구 순이를 닮아서였다. 그녀는 작고 예뻤다. 사뿐사뿐 기척 없이 집 주변 여기저기 기웃거린다. 어떻게 이 먼 데까지 걸음 했을까. 고양이와 가까워지려면 눈키스를 해야 한다고 한다. 눈이 마주칠 때마다 살며시 눈을 감아 본다. 몇 번의 시도 끝에 경계하던 순이도 나의 키스를 받아들였다. 동그란 눈을 감아주는 그녀를 안아주고 싶지만 마음뿐. 한 발 가까이 가면 두 발 멀어진다.

뜨거운 여름 날씨도 순이를 바라보는 즐거움으로 견딜 만했다. 하지만 그녀를 향한 내 마음은 나 혼자만의 외사랑이었다는 것을 확인하기까지 그리 오랜 시간이 걸리지 않았다. 멋진 남자친구가 있음을 자랑이라도 하듯 어느 날 듬직한 녀석과 함께 나타났다. 마치 이곳이 자기 터인 양 집 주위를 당당히 누빈다. 신혼살림을 위한 새 보금자리로 안성맞춤이지 않느냐고 수컷의 귀에 살갑게 소곤대고 있는 것 같기도 하다.

둘은 애정표현도 서슴지 않는다. 하지만 어쩌랴. 둘의 사랑인 것을. 자연도 순수한 마음을 알고 있는 것일까. 기꺼이 그들만을 위한 무대를 내어준다. 노래하던 새들이 숨죽이며 잎사귀 사이에 앉아 있다. 바람도 잠시 갈 길을 멈추고 나무 뒤에 숨는다. 그들은 마치 이 세상에 둘만 존재하듯 거리낌이 없다. 수컷이 "허니, 보고 싶어." 하면 "다알링, 저 여기 있어요." 보이지 않던 순이가 어디선가 냉큼 달려와 애교를 부린다.

달콤한 사랑 노래가 실바람을 타고 흐른다. 암컷이 꼬리를 한껏 올리고 달려와 수컷의 몸에 비비고 얼굴을 부비면 수컷은 두 팔로 암컷의 목을 잡고 얼굴을 정성 들여 핥아준다. 누가 동물은 본능만 있다 했나. 서로 주고받는 사랑을 어떻게 설명해야 할지…. 따뜻한 햇살을 즐기는 걸까. 명상을 하는 것일까. 서로 체온을 느끼며 한참 동안 조용히 머문다. 초록 가득한 풀밭에 푹 파묻힌 노란 고양이 한 쌍은 한 폭의 평화로운 그림이다.

그렇게 지내던 순이가 며칠 새 통 보이지 않는다. 얼마의 시간이 흘렀을까. 거의 잊고 지내던 어느 날 아침, 대문 앞에 순이가 다소곳이 앉아있는 것이 아닌가. 그것도 새끼 세 마리와 함께. 어떻게 여기까지 데리고 왔을까. 어딘가에서 혼자 새끼를 낳고 키운 순이가 안쓰럽기도 했지만 한편으론 무척 놀랍고 신기했다. 전보다 먹이를 더 많이 챙겨줘야 한다는 마음에 부지런히 부엌을 들락거렸다.

커가는 어린 새끼들은 제 집인 양 천방지축 뛰논다. 놀이를 통해 자연스레 위험에 대처하는 방법을 익히는 것 같다. 점프하며 공격해 보기, 풀벌레 잡기, 나무 오르기 등 수련에 바쁘다. 그러다 어미와 눈이 마주치면 쏜살같이 달려와 어리광부린다. 엄마 등은 놀이터 미끄럼틀이다. 놀다 지쳐 허기지면 젖 달라 칭얼대며 어미의 품속으로 파고든다. 어미는 기꺼이 젖을 내어준다. 새끼들이 젖을 먹는 동안 한 마리씩 정성 들여 핥아준다. 눈에 넣어도 아프지 않을 새끼라는 듯.

청명한 하늘 아래 초록 들판은 그들 세상이다. 더 주지 못해 안달하는 따스한 사랑이 여름 햇살 아래 바글거린다. 솔솔 피어나는 사랑의 향기에 취하지 않을 수 없다. 엄마 품속에 파고들어 젖을 빨던 새끼들도 온몸을 내어주던 어미도 서로 껴안은 채 풀밭 위에 누워 그새 잠들었다.

순이 부부와 앙증맞은 새끼들을 바라보다 보니 어느새 가을이다. 자연 속에서 펼쳐지는 그들의 일상은 가족애 넘치는 한 편의 드라마였다. 그들은 나의 마음에 잔잔한 행복과 평화의 물결을 일게 해주었다. 내 가슴 저 깊숙이 잠자고 있던 때 묻지 않은 순수도 찾아주었다. 마치 작은 별에서 날아온 친구 어린 왕자처럼. 그들은 나에게 생명은 생명을 낳고, 생명은 사랑을 낳고, 생명은 마침내 우주를 탄생시키는 것임을 깨닫게 해주었다. 그런 시간이 내게 주어져 감사하다. 그들 삶도 우리 인간과 많이 닮았다. 다른 점이 있다면 욕심을 부리지 않는 것이다. 욕심이 없으니 자유로울 뿐이다. 그저 주어진 환경을 받아들이며 맑고 깨끗한 마음으로 사랑을 베푼다.

문 열고 나가면 풀숲 어디선가 "야아옹, 크르릉, 옹야옹야, 옹헤야." 노란 고양이 가족의 노래 소리가 바람결 타고 들려온다. 그들만의 언어로 소통하고 자연과 조화를 이루며 자연의 일부가 된다. 그들의 노래에 사랑과 평화가 담겨 있다.

불청객 갱년기

아침부터 열이 나서 온몸이 뜨겁다. 얼굴은 홍조까지 띠며 화끈거린다. 요즈음 들어서 더 자주 열이 올랐다 내렸다 하며 진땀까지 흘린다.

"엄마, 벌써 몇 번째인 줄 아세요?"

옷을 입었다 벗었다 이해할 수 없는 행동을 되풀이하고 있는 내게 딸은 놀란 토끼눈이 되어 묻는다. 대체 내 몸이 왜 이럴까. 몸뿐만 아니라 마음도 불안하기 짝이 없다. 무엇 때문일까. 이 알 수 없는 징후는….

갑자기 찾아온 증세로 힘든 여름을 보내고 있다. 청소년기에 사춘기라는 시기를 맞이하듯 중년이 되어 쉽게 지나칠 수 없는 낯선 어려움과 맞이했다. 사추기일까. 당혹스런 이 변화로 나의 몸과 마음이 이전과는 전혀 다른 상태가 되어갔다. 영혼을 고갈시키고 정신을 점점 나약하게 만든다. 뜨거운 여름날의 날씨조차 내 몸의 온도보다 낮았나 보다. 내 고통의 수은주로는 폭염조차 감지되지 않았다.

아무 예고도 없이 찾아온 이 현상은 공공 장소라고 봐주는 법이 없다. 가장 힘들게 하는 것은 열이 나기 직전 나타나는 징후이다. 불안과 우울증이 섞인 이상야릇한 기류가 몸 안 전체에 흐르는 것 같다. 마치 나의 신체와 감정회로에 이상이 생긴 것처럼 느껴진다. 다시는 경험하고 싶지 않은 기분이 여름 내내 시도 때도 없이 찾아와 괴롭혔다. 더욱 암담한 것은 나 혼자의 힘으로는 출구를 찾을 수 없다는 점이다.

한밤중에도 혼자 깨어 안절부절못하고, 다시 오랫동안 잠들지 못하고 뒤척이는 날이 점점 늘어갔다. 잠을 청할수록 정신은 더 맑아진다. 생각들이 꼬리를 물고 늘어진다. 세상의 온갖 걱정을 끌어안고 끙끙거린다. 마음앓이를 하고 있을 때면 창밖의 달님이 친구가 되어 준 덕에 잠시나마 작은 위로가 될 때도 있다.

오십 고개를 넘어서면 호르몬의 변화로 인해 남성은 여성화 되고 여성은 남성화 된다고 한다. 내 몸 안에서 일어나는 이 모든 상황이 단순히 호르몬 결핍에 의한 증상이라고 치부하기엔 너무 복잡 미묘

하다. 문제는 이 시간이 즐겁지 않고 고통을 수반한다는 것이다. 왜 이렇게 힘든 시간을 보내며 나이를 먹어야 하는 걸까. 늙는 것도 서럽거늘 왜 이런 호된 시련을 주는 것일까. 여인으로서 영원히 지니고 싶은 젊음도 사라지는 것 같아 마음이 시리다. 불청객처럼 찾아온 돌발 상황이 밉기만 하다.

선배들은 하나같이 조언한다. 그 증상이 호전되려면 많은 시간이 흘러가야 할 거라고. 한 지인은 이 증상이 오래 지속되다 우울증에 빠졌다고 한다. 어려운 시기를 보내는 심리를 이해하지 못하는 가족과의 잦은 충돌로 서운함만 쌓여 갔고 대인 기피증으로 삶의 의욕까지 잃었다고 한다. 나에게도 예상치 못한 복병이 찾아왔다. 지금까지 살아온 내 삶의 기둥이 송두리째 흔들리기 시작했다. 모든 것이 무의미해졌다. 어두운 날들을 보내는 사람은 나뿐인 것 같아 더 우울해졌다.

의사들은 한결같이 호르몬 조절을 위한 처방을 권유했지만 약으로 완전히 나을 수 있다는 확신이 없었다. 망설여졌다. 더구나 부작용을 감수해야 한다는 여운을 남겨 스스로 견뎌보기로 했다.

그 고통의 터널을 돌파하기 위해 열이 나기 시작하면 달려갔다. 푸르른 숲과 사색의 숲을 따라 걷고 또 걸었다. 그윽한 꽃향기, 새들의 지저귐, 그리고 문학의 바다는 마음이 안정되고 평화로움이 깃들게 했다. 옛 선현들의 말씀도 따뜻한 위로가 되었다. 아픔과 고통은 시간과 함께 지나가게 마련일까. 여름이 저만치 물러가면서 끝이 보이지 않던 열병도 조금씩 나아져 갔다.

나이테가 늘어갈수록 나무는 더 풍성한 그늘을 만들어준다. 나이 듦에 따라 나와 타인 그리고 삶을 이해하고 사랑하는 가슴도 더 넓어지기를 바라본다. 언제 다시 예상치 못한 불청객, 갱년기라는 손님이 찾아올지 모르지만 그때는 좀 더 편안한 친구처럼 맞이할 수 있는 마음의 준비를 하자. 이 땅에 머무는 동안 견디기 힘든 아픔이 수반된다 하더라도 그 또한 지나가는 바람 같은 것임을 호된 시련을 통해 터득하지 않았는가.

뜨거운 햇볕 아래 들판의 곡식이 말없이 익어간다. 어려운 여건 속에서 자연이 열매를 맺으며 성장의 시간을 보내는 것처럼 인간의 삶도 이와 다르지 않으리라. 몸과 마음이 고통스러웠던 뜨거운 여름이었지만 인생이라는 여정에서 한 번은 지나야 하는 통과의례라고 믿고 싶다. 질풍노도의 시기를 보내며 어른이 되지 않았던가. 사추기를 보내는 동안 작은 마음이 한 뼘 더 자라나는 담금질의 시간이 되었으리라는 위안을 가져본다. 창밖에는 폭우가 쏟아진다. 쇼팽의 〈빗방울의 전주곡〉을 들을 때처럼 마음속 솔기가 성글어진다.

프랑스 작가인 프랑수와 를로르의 《꾸뻬 씨의 행복여행》에서 꾸뻬 씨는 조언한다. "살아라, 오늘이 마지막인 것처럼." 하지만 나는 '오늘이 첫날인 것처럼' 아침을 맞이하고 싶다. 다가오는 삶은 희망 가득한 봄날이 되도록 새롭게 설계하고 싶다.

갱년기란 새로 시작하라는 시기일 테니.

햇볕에 가난을 말리다

동네 끄트머리에 있는 우리 집에 가려면 구옥 한 채를 지나게 된다. 그 집 마당을 지나칠 때면 거꾸로 매달린 옷들이 팔을 휘저으며 다정하게 인사를 건넨다. 그때마다 나도 반가움에 가벼운 미소로 인사를 대신하곤 한다.

따스한 햇살이 쏟아지는 날이면 어김없이 기다란 빨랫줄엔 젖은 옷들이 빼곡하다. 오늘도 차가운 물살에 후줄근해진 빨래들이 팔다리를 늘어뜨린 채 맥없이 걸려 있다. 담벼락에 비춰진 옷들의 그림자는 마치 어린아이들이 그려놓은 그림 같다. 두 팔 벌리고 물구나무서기로 널려있는 모습들이 정겹다. 물기 빠질 때까지 긴 시간 매달려 있어야 하지만 이때만큼은 주인과 떨어져 망중한을 누릴 수 있는 유일한 시간이기도 하다.

그들은 바람이 밀어주는 그네를 타며 주인에 대한 이야기보따리를 풀어놓는다. 옷들은 저마다 이유가 있다. 왜 거기에 걸려야 했는지. 오늘도 형형색색의 옷들은 서로 자신의 이야기를 먼저 하려 좁은 마당이 시끌벅적하다. 세차게 불어오는 바람에 중심을 잃고 떨어지면 언제 또다시 물속에 들어가야 하는지도 모른 채 말이다.

대부분 빨랫줄을 차지하는 옷가지들은 고만고만한 네 남자 아이들 것이다. 천진난만한 개구쟁이들의 해맑은 이야기가 바람을 타고 날아온다. 일곱 살인 큰 형 외출복은 "운동장에서 축구를 하다가 넘어지고 자빠지고 친구들에게 차였어." 다섯 살인 둘째의 도복은 "태권도 학원에서 발차기, 옆차기, 뒹굴기를 열심히 했더니 땀이 많이 나고 먼지도 묻었지 뭐야." 세 살 된 셋째의 바지는 "난 엄마 뒤를 졸졸 따라다니다 진흙탕에 미끄러졌고 강아지와 씨름하느라 흙투성이가 되었어." 태어난 지 얼마 안 되는 막내는 세상에 나와 하루가 멀다 하고 새 옷으로 갈아입기 바쁘다.

팔다리가 긴 아빠의 작업복은 축 늘어져 있다. 가족을 위해 쉬지 않고 일하는 고단한 아빠의 삶이 엿보인다. 침묵하는 걸 보니 그냥 말없이 쉬고 싶은가 보다. 넉넉하지 않은 살림살이로 힘들어하는 아빠의 모습에 엄마는 마음이 시려 코끝이 찡해진다. 엄마의 행주치마가 위로하듯 아빠의 어깨를 토닥여 준다. 걱정일랑은 지나가는 바람에 날려 버리라는 그녀의 위로엔 그 무엇과 견줄 수 없는 따스한 사랑이 담겨 있다.

어떤 날은 세계지도가 그려져 있는 널찍한 요도 등장한다. 무게에 못 이겨 늘어진 빨랫줄이 힘겨워 보인다. 끊어질세라 전전긍긍하는 가느다란 빨랫줄은 전혀 개의치 않고 혼자 연신 툴툴거린다. "어젯밤 곤하게 자던 셋째 녀석이 널찍한 요 위에 오줌을 흥건하게 싸놓았어." 하며. "허리를 굽히고 오래 매달려 있으면 물기는 날아갈지언정 헝겊에 배어버린 참을 수 없는 이 냄새는 오랫동안 남아 있을 거야." 그의 볼멘소리가 점점 커진다. 아랫집 빨랫줄엔 늘 이렇게 많은 이야기가 걸려 있다. 지나가는 나그네의 귀가 즐거워지도록.

아랫집 아낙은 도시에서 남편 뒷바라지하고 아이들을 키우며 알콩달콩 살았다. 그런데 외환위기 때 남편의 사업부도로 어쩔 수 없이 시골로 이사를 하지 않으면 안 되었다. 갈 곳을 찾지 못해 한동안 헤매다가 친정 어머니의 고향으로 내려왔다고 한다. 집 한 칸조차 마련할 여유가 없어 우선 비어 있는 고가에 짐을 풀었다. 흙담으로 지어진 작은 옛집엔 여섯 식구가 산다. 비록 넉넉하지 않은 형편이지만 숭숭 뚫린 벽돌 사이로 정다운 그들의 웃음소리가 끊임없이 새어나온다. 아무리 험한 세상의 풍파가 밀려온다 해도 사랑의 벽돌로 쌓아지는 그들만의 행복이라는 성은 무너지지 않을 것 같다.

마른 옷들을 걷어낸 후 가끔 그녀의 한가한 마음을 빨랫줄에 넌다.

눅눅한 아낙의 마음은 따사로운 햇살에 금세 뽀송뽀송해진다. 빈 빨랫줄엔 어느 틈에 날아온 바람과 새들도 걸터앉는다. 거의 매일 빨래를 한 보따리씩 널어야 하는 그녀의 마음을 읽은 것일까. 따스한 햇살은 희망을 안겨주고, 이는 바람은 한숨을 날려주며 새들은 모여 앉아 사랑노래를 불러준다. 전원 속에서만 얻을 수 있는 작은 삶의 위안이고 기쁨이리라. 차 한 잔 들고 마당을 거니는 그녀의 얼굴은 금방 밝은 표정이 된다. 이제는 변해가는 자연의 풍광을 바라볼 수 있는 여유로움도 찾은 것 같다.

그 집 앞을 지나칠 때마다 언젠가 가난을 툴툴 털고 여유로운 생활을 누릴 것을 마음속으로 기도한다. 아니, 그런 날이 꼭 오리라 믿고 싶다.

올망졸망한 빨래를 널고 있는 그녀의 어깨 위에 따스한 햇살이 가득하다. 푸른 하늘 언저리에 두둥실 흘러가는 구름을 타고 바람과 이야기를 나눌 수 있다면 삶은 행복한 여정이 되리라.

3부

가을 사랑

마음 따라 길 따라/ 지금 여기서/ 노을이 아름다웠어요
내 영혼에 새 숨을 - 덕수궁 미술 전시회/ 또 다른 세상
딸의 졸업연주회/ 가을 속으로 떠난 여행/ 밤을 주우며
카르마/ 가을 들녘에서

마음 따라 길 따라

하늘이 맑다. 파아란 가을 하늘 아래 코스모스 피어 있는 조붓한 오솔길을 따라 걸어본다. 바람이 살랑일 때마다 하늘거리는 가녀린 꽃송이들. 수줍음을 타는 소녀의 얼굴을 닮았다. 신이 이 세상을 아름답게 만들기 위해 제일 처음 만든 꽃이 코스모스라고 한다. 그래서일까. 들에 가득한 분홍 · 빨강 · 하얀 꽃들이 모여 펼쳐진 멋진 가을 풍경을 다시 한 번 돌아보게 한다. 꽃길 따라 풍광들을 바라보며 혼자 자유로이 걷는 이 시간이 참 좋다.

어쩌면 우리네 삶은 길 위에서 시작하여 길에서 마치는 것은 아닐까. 짧은 하루 동안에도 얼마나 많은 길을 걸으면서 생각하는가. 걷고 멈추고, 또 걷는 것이 우리들의 일생 아닌가. 일곱 날 중 화요

일은 수필공부를 위해 비교적 먼 길을 간다. 시골길을 지나 고속도로를 달려 회색빛 도심 속으로 향한다.

버스에서 내리자마자 빠른 걸음으로 지하도로 들어가면 말없이 앞 사람들의 뒷모습을 바라보며 걷게 마련이다. 맞은편에서는 무표정한 얼굴들이 수없이 스쳐간다. 거대한 홀 지하도는 어딘가를 향하여 분주하게 이동하는 사람들의 발걸음 소리로 가득하다. 모두 다른 길을 찾아가고 있다. 하루의 시작은 어제와는 또 다른 새 길 위에 서는 것이라는 듯 사람들은 오늘도 지구 위에 그려진 길 위로 나서고 있다. 그 길이 회색빛 차도가 아니라 형형색색의 아름다운 꽃들이 피어 있는 꽃길이었으면 하고 상상해 보기도 한다.

지구 위에 수많은 길들이 종횡으로 나 있지만 사람의 마음에는 그보다 더 많은 길이 그려져 있는 것은 아닐까. 어떤 길을 따라가는가에 따라 그 사람만의 인생길이 그려지니 말이다. 그래서 세상에는 사람들 수만큼이나 다른 형태의 삶이 펼쳐지는 것이리라. 산책을 하며 종종 나는 어떤 길을 걷고 있는가를 뒤돌아본다. 어느 길을 얼마만큼 걸어온 것일까. 더운 여름이 지나고 가을이 다가왔다. 낙엽의 계절이다. 내 인생길도 어느새 가을로 접어들고 있다는 느낌이다.

꿈으로 가득했던 이십대는 늘 총총걸음이었다. 배워야 할 것이 많아 늘 앞만 보고 걸었다. 다른 길은 잘 보이지 않았다. 어쩌면 의미 있는 삶이라는 확신과 자신감으로 내가 가는 길만 보았는지도 모른다. 그 꿈을 이루기 위한 시간들로 삼십대가 정신없이 지나갔다. 그러나 돌아보니 꿈은 용두사미가 되어버린 채 세월이 빠르게 흘러가 버렸다. 삶이란 뜻한 바를 모두 이룰 수 없다는 교훈만 안겨주고 시간은 저만치 앞서 달려가 버리고 있다.

이제는 내게 기쁨을 주는 길을 찾아 걷고 싶다. 글을 쓰러 가는 화요일은 언제나 즐겁다. 당송팔대가 중 한 분이신 구양수의 말씀대로 다독多讀, 다작多作, 다상량多商量을 하며 좋은 글을 쓰고 싶다. 그 시간 안에 나의 사랑과 열정을 쏟아 부을 수 있으니 더 바람이 없다.

매스컴에서 부지런히 알려주는 세상의 소식들에는 심드렁해졌다. 그저 내 곁에서 변해 가는 자연을 바라보며 글을 쓰는 일이 내 작은 기쁨이 되었다. 새롭게 변화하는 자연은 늘 인생의 새 잠언시를 지어준다. 삶의 지혜가 되는 작은 깨달음들을 얻는다. 그 안에서 나의 언어들을 모아 꿰어본다. 시인의 눈으로 세상과 자연, 사람들을 보고 싶다. 꽃과 새들의 노래, 구름이 떠다니는 하늘과 내 곁에 이는 바람, 상상의 이야기도 그려 넣어본다. 내 마음속 저 깊은 곳에 숨어있는 언어들을 찾아본다. 그 모습들을 위한 사랑의 모양이 그려질 수 있기를 바라며.

깊어가는 가을 밤 어쩌다 눈을 뜨면 풀벌레 소리가 요란하다.

어둠 속에서도 노래의 향연은 그칠 줄 모른다. 짝을 찾기 위한 노래겠지만 내게는 아름다운 사랑의 세레나데처럼 들린다. 그들이 불러주는 음률 따라 상상의 길을 걷다 보면 나는 또 꿈속의 마음 길로 접어든다. 나만의 산티아고를 찾아 떠나기도 한다. 참된 나를 찾으려 깊숙이 파묻혀 있는 나를 바라보는 순례의 여행을 다시 시작한다. 나 자신에게 향할 수 있는 길 위에서의 소중한 시간이다.

많은 철학자들의 조언에도 불구하고 무엇이 진정 가치 있는 삶인지에 대한 가르침에 목말라 했지만 애초부터 해답이 있는 것은 아니었으리라. 이 커다란 우주에 지극히 작은 존재, 다만 내 영혼을 위해 풍요로워지는 길을 향하여 걷고 싶다.

지금까지 걸어온 모든 길은 어쩌면 처음부터 결정되어 있었던 것은 아니었을까. 태어나서 여기까지 온 나의 인생길은 오늘 이곳에 이르기까지 이어진 징검다리 길이라는 생각이 든다. 그 오랜 여정은 내 길 옆에 하늘거리는 코스모스를 바라보기 위해서 걸어온 행복한 길인지도 모른다.

지금 여기서

지난 시간들은 언제나 아름답고 애틋하다. 삶이 고단하고 힘들 때마다 빛바랜 기억들을 들추곤 한다. 때론 잊고 싶은 과거도 있지만 아련한 추억으로 간직되어 있는 지난날들을 그리워한다.

"어린 시절 철부지였지만 행복했지. 사랑하던 그 시간은 정말 아름다운 꿈속이었어. 힘든 시간을 겪을 때는 악몽 같았지만 그 역경 또한 지나가리라는 것임을 깨달을 수 있었지."

그런데 어느 날 그 기억들이 몽땅 사라진다면, 자신을 돌아볼 수 있는 과거가 모두 지워진다면, 삶의 일부분이 칠흑 같은 어둠처럼 다시는 들여다볼 수 없게 되었을 때의 막막함을 어떻게 설명해야 할까. 쌓여진 과거의 시간들이 한 인간의 총체일 수 있다. 그 기억

뭉치들이 모두 없어졌다면 무엇으로 그 사람의 정체성을 찾을 수 있을까.

노벨문학상을 탄 패드릭 모디아노는 〈어두운 상점들의 거리〉에서 과거를 찾는 한 남자의 이야기를 하고 있다. 기억상실증에 걸린 퇴역 탐정이 자신의 과거를 추적하는 여정이다. 주인공은 뜻하지 않은 사고로 잃어버린 삶의 흔적들을 더듬으며 소멸된 자신의 과거를 찾아 나선다. 잃어버린 시간은 그만이 지니고 있는 삶의 편린이며 슬픔이 가득 담겨 있지만 한편으론 그만의 아름답고 소중한 기억이자 그를 설명할 수 있는 단서들이기 때문이다. 그는 어두운 상점들의 거리에서 한때 함께했던 사람들과 머물렀던 장소를 돌아본다. 그곳에서 무엇을 하는 사람이었는지에 대한 자신의 흔적을 찾고 또 찾는다. 그냥 잊힌 채로 살아가면 안 되는 이유는 무엇이었을까. 자신의 과거가 다시 찾아야 할 만큼 소중한 가치가 있었을까. 하지만 앙드레 말로가 말했듯 우리 개인의 생은 "조그만 비밀들의 무더기"다. 그는 자신의 속살 같은 과거를 보고 싶었다. 자신도 알지 못하는 또 다른 자기의 모습을 찾고 싶었던 것이다.

인간은 자신의 과거를 잊고 싶기도 하지만 때로는 자신의 뿌리에 대해 알고 싶어 한다. 나의 의지와 상관없이 이 세상에 태어난 존재라 하지만 근원에 대해 알고자 하는 것은 어쩌면 본능 아닐까. 외국으로 입양되었던 아이들이 성인이 되어 자신을 낳아준 부모를 찾고 싶은 것도 아마 그러한 연유일 것이다. 타인의 삶이 아닌 바로 나의 존재에 대한 해답을 얻고자 함이리라.

사춘기 때 엄마에게 묻곤 했다. 어릴 적 나는 무엇을 좋아했는지, 어떠한 성격의 아이였는지, 이러한 상황에서 어떻게 행동했고 저러한 경우 무엇을 선택했는지에 대한 질문을 반복한 적이 있다. 내가 기억하지 못하는 어린아이 때의 내가 몹시 궁금해서다. 엄마는 가물거리는 기억 보따리에서 나의 어린 시절을 찾아내시려 애쓰셨다. 희미한 기억 안에 존재하는 나와 지금의 나를 연계시켜 보곤 했다.

중·고등학교 일기장엔 "나를 알기 위해 존재한다."는 문구가 여기저기 눈에 띈다. 얼마만한 사유의 폭과 깊이로 그런 독백을 했는지 잘 모르겠다. 나는 아직도 나를 알지 못하고 살아가고 있음을 부인하기 어렵다. 그때의 질문은 지금도 나의 화두이기 때문이다.

지나온 삶의 발자국에서 나 자신을 찾아 나선다는 것은 글쓰기와 많이 닮았다. 글쓰기도 자신의 삶을 돌아보며 정체성을 찾아가는 또 하나의 여행길이다. 화가 폴 고갱이 그토록 몰두했던 주제, "우리는 어디에서 왔는가. 우리는 누구인가. 우리는 어디로 갈 것인가." 처럼 무엇을 위해 지금 이 순간 여기에 서 있는가에 대한 해답을 찾아가는 순례의 길이다. 커다란 우주 안에 존재하는 작은 우주의 세계를 발견하기 위해 떠나는 노정이다. 단 한 번 주어지는 인생에 가치 있는 삶을 추구하고자 함이다. 그것은 이승의 생이 비루하지 않았으면 하는 바람이기도 하다.

한 편의 글을 쓴다는 것은 어쩌면 한 편의 인생이라는 길 위에 서 보는 것은 아닐까. 그 길 위에선 자신의 과거를 돌아보기도 하지만, 현재의 모습을 바라보며, 안개와 같은 미래를 그려볼 수도 있다. 늘 기쁘고 행복하진 않지만 자유 의지로 고독한 시간을 선택하면서 말이다.

비록 〈어두운 상점들의 거리에서〉 주인공이 찾아낸 진실은 "나는 아무것도 아니었다."는 것과 "타인에 의해 자신의 삶이 달라졌다."는 것일지언정 그것조차도 삶의 한 부분이 아닐까. 잃어버린 과거의 흔적을 찾으려고 애쓰는 것처럼 영원히 미완일 수밖에 없는 존재에 대해 오늘도 외로움을 벗 삼아 끄적이는 것이리라. 그 시간마다 '나'라는 존재의 가벼움과 직면하지만 그 안에 의미의 켜가 새겨져 있기를 소망해 본다. 세월이 흐르며 나무의 저 깊은 속 보이지 않는 나이테에 바람 소리와 새들의 사랑 이야기, 그리고 꽃이 피고 지는 순간이 스며들어 갔듯이.

과거에서 미래를 향하는 지금 여기서, 나는 꿈을 꾼다. 남아 있는 소중한 시간 동안 나를 향한 여행길 위에서 또 다른 나를 만날 수 있기를.

노을이 아름다웠어요

외출했다 돌아오는 길이었다. 마을 도서관에서 주문한 책이 도착했다는 연락이 왔다. 해가 뉘엿뉘엿 지고 있어 다음에 갈까 망설였지만 마음은 벌써 도서관으로 향하고 있었다.

책을 대여 받아 나오는데 노을빛이 마치 산의 후광처럼 빛나고 있었다. 일출도 아름답지만 저녁노을의 그 긴 여운은 언제나 장관이다. 늘 신비스러운 황홀함으로 나의 마음을 빼앗는다. 오늘과 이별하고 싶지 않은 태양의 화려한 빛 잔치일까. 산마루의 실루엣이 오늘따라 더 선명하다. 오래 간직하고 싶은 한 폭의 예술작품이다. 세상에 그려지는 아름다운 순간이 있어 인간은 잠시나마 행복해질 수 있는 것이리라.

오늘따라 그냥 지나칠 수 없는 장엄한 광경에 넋을 잃었다. 손전화의 카메라로 대자연의 장관을 열심히 담았다. 지나친 욕심이었나 보다. 그만 중심을 잃고 말았다. 몸뿐만 아니라 내 마음 그리고 석양까지 흔들렸다. 내 몸은 그만 콘크리트 바닥 위로 고꾸라졌다. 두 개의 계단을 하나로 착각한 것이다. 발목 부위가 너무 아파 먼지 투성이인 도서관 앞마당에 철퍼덕 주저앉았다.

발가락을 꼼지락거려 보았다. 뼈가 부러진 것 같진 않은데 일어날 수도 걸을 수도 없었다. 저만치 엎어져 있는 구두 한 켤레, 흩어진 책들, 액정이 깨진 손전화는 수심에 가득 찬 시선으로 나를 바라보고 있었다. 많은 발걸음 소리가 스쳐 지나가더니 한 남성이 조심스럽게 다가온다.

"왜 그렇게 맨바닥에 앉아 계시나요?"

"발을 헛디뎠어요."

"네에, 걱정이 되어서…."

그때서야 긴장을 풀고 웃는 한 남자의 얼굴. 머리를 긁적이더니 다시 도서관으로 들어간다. 차마 표현할 순 없었지만 정작 내가 하고 싶었던 말은

"노을이 아름다웠어요."

신체의 일부를 조금 다쳤을 뿐인데 생활에 미치는 파장은 그리 간단치 않았다. 외출은 물론 집 안에서의 생활조차도 자유스럽지

못하다. 세상사는 잃음이 있으면 얻음도 있나 보다. 절뚝거리는 나 자신을 바라보는 멈춰진 시간 속에서 비로소 평소 보이지 않던 것들이 보이고 들리지 않던 것들이 들려온다.

창밖에 펼쳐져 있는 봄 뜨락에서는 새들이 노래를 해주었고 피고 지는 꽃들은 세상을 환하게 밝혀주고 있었다. 마음도 한 템포 천천히 작동한다. 오늘 할 일을 내일로 미루지 못하는 성격이지만 혼자의 시간을 느긋하게 즐기자 마음먹으니 온 하루가 편해진다.

부상을 전화위복으로 여기며 에너지 충전의 시간을 갖기로 했다. 아프다는 핑계로 게으름에 익숙해지니 삶이 다르게 다가왔다. 따스한 방바닥을 벗 삼아 음악을 들으며 책꽂이 앞에 서성거리는 시간이 많아졌다. 평소 읽다만 두꺼운 책을 다시 꺼내들었다. 몸은 불편하나 정신은 한가로워진다. 비록 제대로 걸을 순 없지만 많은 작가들이 펼쳐놓은 수만 리 진리의 길을 따라 산책하는 시간을 가졌다.

발을 치료하러 다니며 새삼 내 발을 들여다본다. 이제 먼발치에 있는 발에도 관심을 기울여달라는 무언의 조언은 아니었을까. 반세기 동안 가장 낮은 곳에서 무보수로 나를 지탱해 준 일등공신은 바로 발이잖은가. 그 희생 덕으로 이 땅에 족적을 남기며 살고 있는 실정이니 말이다. 직립보행을 할 수 있도록 치른 그간의 희생이 얼마나 고귀한가.

우리가 사회에서 누리는 편리함은 보이지 않는 곳에서 말없이 희생

하는 사람들이 참 많기 때문에 주어지는 것이다. 아침부터 밤늦게까지 맑고 깨끗한 거리를 위해 비가 오나 눈이 오나 묵묵히 청소하는 환경미화원, 노약자들을 위해 보이지 않는 곳에서 희생 봉사하는 사람들을 비롯하여 묵묵히 자신의 자리를 지키며 촛불 같은 삶을 마다하지 않는 분들이 얼마나 많은가. 저절로 얻어지는 혜택으로 여기며 그들의 봉사를 당연시 여기고 사는 것은 아닌지….

매일 저녁 따뜻한 물에 발을 담그고 쓰다듬고 토닥여주며 감사한 마음을 전한다. 한의원과 병원을 오가며 받은 물리적 치료가 큰 도움이 되었지만 가족과 지인들의 따스한 관심과 정성이 회복에 도움을 주었다. 점점 차도가 보이기 시작했다. 여전히 부기가 남아 있어 정상적인 보행이 어렵지만 발걸음은 확실히 가벼워졌다.

오늘은 화창한 날. 노을은 어김없이 또 한 폭의 황홀한 수작秀作을 탄생시키겠지. '아무렇지도 않게 맑은 날'* 지는 해는 더 아름답게 빛날 터이니.

* 진동규 시, <아무렇지도 않게 맑은 날>

내 영혼에 새 숨을

-덕수궁 미술 전시회-

수필 수업을 마치고 문우들과 함께 덕수궁 국립현대미술관으로 향했다. 모두들 금방 지나갈 가을을 그냥 보내기엔 너무 아쉬웠던 모양이다. 그곳에서 네모난 교실과 네모난 책상을 벗어나 가을 속에서의 야외수업이 된 셈이다. 천고마비의 계절에 마음과 영혼을 살찌울 수 있는 시간이었다.

얼마 전부터 그 전시회에 가보고 싶어 많은 관심을 기울이고 있었다. 주최하는 언론기관이 3회에 걸쳐 전시 중인 화가들의 작품들을 거의 모두 연재하며 대대적인 홍보를 하고 있었기 때문이다. 그 귀중한 그림들을 간직하고 싶어 스크랩해 두었다. 그리고 겨울 방학이 되면 꼭 한번 가보리라 마음먹고 있던 터였다.

미술관은 많은 관람객들로 붐볐다. 이번 전시회는 예술을 사랑하는 사람들에게 행운이 주어졌다고 해도 과언이 아니다. 한자리에서 감상하기 어려운 한국 근현대 명작회화 백선을 볼 수 있는 기회가 마련되었기 때문이다.

전시회관으로 들어서자마자 알 수 없는 기운이 나를 압도했다. 예술가들의 혼이 담겨 있는 작품들로 가득 차 있었기 때문일까. 걸작들의 위용에 숨소리조차 낮춰야 했다. 작품에 그려져 있는 무한한 예술의 의미를 해석하기엔 나의 감상력이 턱없이 부족했지만 명작들 앞에서 작가가 표현하고자 한 주제가 무엇이었나를 생각해 보는 시간을 가졌다. 새로운 작품을 만날 때마다 화폭에 담겨진 이야기들을 읽어보았다.

전시관 입구에서 우리를 기다리고 있는 첫 작품은 이마동의 〈남자〉다. 지성과 감성을 겸비한 도회풍의 남자가 관객들에게 전시회를 소개하려는 듯한 자세로 서 있었다. 실제 인물처럼 정교해서 마치 살아있는 사람이 옆에 있는 느낌이다.

전쟁 속에서도 그림을 그렸다는 김환기의 〈피란 열차〉는 열차 안에 사람들을 빼곡히 그려 넣었다. 단조로운 색채로 표현하였지만 그의 절제된 슬픔을 달리는 열차에 실어놓은 것 같다. 구본웅이 시인 이상李箱을 그린 〈친구의 초상〉은 진하고 어두운 색채의 유화다. 날카로운 눈빛으로 관람객을 노려보고 있는 듯하다. 그 차가운 시선이 우리들의 발걸음을 붙잡는다.

평범한 일상을 비범한 시각으로 작품을 탄생시킨 박수근의 〈빨래터〉와 〈절구질하는 여인〉은 어린 시절 보아온 나의 어머니 모습을 닮아 친근하게 다가갔다. 이중섭의 〈소〉 시리즈에는 다양한 소의 모습이 인상적으로 다가온다. 그는 가난 때문에 사랑하는 가족과 헤어지는 아픔을 겪었다. 평생 가족을 그리워하다 외롭게 죽어간 불우한 화가다. 그가 겪은 삶을 다양한 소의 모습을 통해 표현한 것은 아닌지…. 〈길 떠나는 가족〉은 황소가 끄는 마차가 가족들을 싣고 어딘가를 향해 달려가고 있다. 가족과 함께 살고 싶었던 작가의 간절한 희망을 표현한 듯하다. 가슴이 뭉클해진다.

허백련의 〈산수화〉, 변관식의 〈내금강 진주담〉, 〈내금강 보덕굴〉 등 몇 점의 동양화는 거대한 자연이 흑백으로 표현되어 있다. 작품 속에 그려 넣은 인물은 나뭇잎보다 더 작아서 찾기가 쉽지 않다. 무한한 우주 안의 인간은 미미한 존재일 뿐임을 표현한 것일까. 광활한 자연에서 인간이 깨달아야 할 진리는 헤아릴 수 없이 무궁무진한 것임을 일깨워주는 것일까.

나에게 가장 감동을 주었던 작품은 김환기의 〈어디서 무엇이 되어 다시 만나랴〉였다. 친구 김광섭의 〈저녁에〉라는 시를 읽고 이 작품을 탄생시켰다고 한다. 시의 마지막 구절이 그림의 제목이 되었다. 캔버스엔 단지 푸른색으로 된 점들이 들어 있는 작은 네모들만 빼곡히 그려져 있다. 그림 앞에 오랫동안 머무르며 찬찬히 보았다. 이해하기 힘들었다. 지금 이 순간까지도 잊히지 않고 자꾸만 떠오르는 그림이다. 무슨 뜻일까. 어떤 의미로 작가는 화폭 가득 그렇게 수많은 네모를 그리고 또 그렸을까. 다음 생에 만나고 싶은, 아니 꼭 만나야 할, 그러나 만날 수 없는 누군가를 기다리는 마음일까. 하지만 네모로 표현된 그 많은 사람들 틈을 비집고 들어가 누군가를 만나기는 어려운 일인 것 같다. 아니 불가능해 보인다. 사무엘 베케트의 〈고도를 기다리며〉처럼 영원히 만날 수 없는 누군가를 끝없이 기다려야 하는 관념화 같기도 하다. 작가가 나타내고자 했던 의도를 헤아리기 어려워 여러 가지 상상을 해본다. 시를 읽는 사람들이 가진 천 개의 마음 창처럼 그림을 보는 사람들 시각에 따라 의미가 달라질 수 있는 것이 예술작품이리라.

나머지 작품들도 숨죽이며 관람했다. 한 점씩 차례로 감상하면서 차마 발을 떼기 힘들었다. 미술 전문가가 아닌 사람으로서 작품마다 담겨져 있는 작가의 진의를 읽기란 결코 쉽지 않다. 하지만 보편적인 인간의 삶에 스며 있는 고통과 슬픔을 예술로 승화시킨 것임을 알 수 있었다.

하나의 작품을 탄생시키기까지 작가는 얼마나 오랫동안 사유와 고독의 시간을 보내야 했을까. 어떤 대상을 통해 얻은 한 주제를 표현할 수 있을 때까지 수많은 시간을 홀로 외롭게 머물러야 했으리라. 아마도 우주와 자기 영혼 사이를 넘나들며 그 아름다운 작품을 완성할 수 있었을지도 모른다. 우리 삶의 화두를 그림을 통해 표현하고자 한 것은 아닐까. 작품마다 혼신을 다한 작가의 뜨거운 열정이 고스란히 전해져 왔다. 짧은 시간이었지만 그림들을 통해 한번도 만난 적 없는 작가들을 만난 것 같은 소중한 시간이었다.

작품을 감상하면서 자꾸만 작아지는 나의 영혼을 바라보았다. 타이티 섬에서 고갱이 찾았던 삶에 대한 원초적인 의미, '우리는 어디에서 왔는가. 우리는 무엇인가. 우리는 어디로 가고 있는가.'를 다시 생각해 본다. 나는 지금 무엇을 추구하며 살아가고 있는가. 나의 삶은 무엇에 가치를 두었던가. 덧없이 흐르는 세월 속에 서성대다 바람에 떠밀려 예까지 온 것은 아닌지. 내 삶에 의미를 부여할 수 있는 가치를 찾아야 한다는 울림이 가슴을 두드린다.

작가들이 하나의 작품을 완성하기 위하여 끊임없이 쏟아 부었던 열정과 같이 부족하나마 문학을 향한 사랑을 품고 나의 길을 가고 싶다. 가을 하늘같이 맑고 순수한 영혼 안에서 내 마음의 이야기를 한 편의 그림으로 그리며 살아가고 싶다. 뭉게구름 두둥실 떠다니듯 시냇물이 고요히 흐르듯, 새들이 하늘 향해 비상하듯 자유로운 영혼으로 내 마음을 그려보고 싶다. 평범한 일상을 비범한 시각으로 바라볼 수 있었던 화가 박수근처럼 내 곁에 숨어있는 아름다움을 찾으며 행복한 글쓰기를 하고 싶다.

덕수궁 미술관에서 우리들은 가을 속에 그림 한 점으로 머물 수 있었다. 가을 햇살을 닮은 맑은 웃음 지으며 가을 향기 가득 담은 갈색 커피도 마셨다. 문학과 예술을 사랑하는 문우들의 마음속 한쪽에는 아름답고 기쁘고 행복한 추억의 한순간을 그려 넣었으리라. 겨울이 다가와도 진한 가을 향이 우리 곁에 오래 머물러 주었으면 좋겠다.

또 다른 세상

여름내 연못 주변이 잡초와 나무로 무성해졌다. 제멋대로 뻗어 올라가는 칡넝쿨과 마구잡이로 자라나는 나뭇가지들을 정리하기로 했다. 부지런히 월동 준비를 해야 내년 봄에 예쁘게 단장된 연못을 바라볼 수 있기 때문이다. 제각기 고유한 생명을 가지고 태어나 이 세상에 잠시 머물다 가는데 그나마 뽑아 버려야 하는 마음이 편치 않다.

잠시 일을 멈추고 바위에 걸터앉았다. 갈 볕을 쬐며 한가롭게 연못을 두루 바라보았다. 물이 거울처럼 맑다. 가을 연못이 맑은 이유는 하늘이 높고 맑기 때문이라 한다. 연못 수위가 사뭇 낮아졌다. 몇 십 년 만의 가뭄 때문이다. 수면 아래가 거의 다 드러난 연못을 보는 것이 이곳으로 이사 온 후 처음인 것 같다.

연못가는 대부분 자갈로 둘러쳐져 있다. 그런데 작은 움직임이 시야에 들어왔다. 자갈밭에 돌들이 움직이고 있었다. 내려가 자세히 들여다보니 돌이 아니다. 아주 커다란 조개였다. 바다가 아닌데 조개가 있다니…. 주먹만 한 것부터 두 손 합장한 것보다 더 큰 조개들이 꽤 여럿 모여 있다. 이끼 낀 돌처럼 조개 껍질에 검은 이끼가 덮여 있어 설핏 보면 꼭 돌 같다

연못 안에는 붕어와 잉어만 있다고 생각했는데 다른 생명체들이 돌 틈 사이에서 숨을 쉬고 있었다는 것이 신기했다. 열려진 조개 사이로 물방울이 샘솟듯 수면 위로 몽글몽글 솟아오른다. 살아있다는 신호를 보내는 모양인가 보다. 방울방울 작은 동그라미들이 연속으로 올라와 물 위에 퍼진다. 커다란 우주 안의 작은 연못, 그리고 그 안에 또 하나의 신비스런 세계가 살아 숨쉬고 있었다.

조금 벌어진 조개 안의 세상이 궁금했다. 시골 초가집 굴뚝에서 연기 나듯 방울거리며 연신 올라오는 물방울들, 가끔씩 방귀 뀌듯 아래쪽에서 흙이 섞인 엷은 황톳물을 뭉텅뭉텅 쏟아낸다. 열려진 조개 틈으로 손가락을 살짝 넣어보았다. 꼬옥 잡는다. 아프지 않은 세기로 잡는 것이 꼭 아기가 악수해 주는 느낌이랄까. 온몸에 행복의 기류가 번진다.

오늘은 조개 친구와 조우하는 행운을 얻었다. 내 시선은 호기심

으로 가득 차 물속 조개에 닿아 있다. 정녕 너는 어느 곳에서 여기까지 온 것이냐. 그 한 생명과 나와의 만남은 예삿일은 아닌 것 같다. 그냥 스쳐지나갈 수도 있었는데…. 생명체마다 다른 세상을 펼치며 살아가는 모습들이 신비할 뿐이다.

다음 날 아침, 조개가 궁금하여 연못을 찾았다. 조개는 그새 어딘가로 자취를 감추었다. 연못 이곳저곳을 찾아보니 그 자리에서부터 굵은 선 하나가 그려져 있었다. 조개는 한곳에서 사는 게 아닌가 보다. 어느새 저만치 이사를 했다. 다시 찾아오는 손님을 위해 친절하게도 길을 만들어 놓았다.

우주는 기꺼이 개체의 삶을 존중하고 허락하는 곳이다. 플라톤은 "세상에 존재하는 모든 개별자에게는 보편적으로 초월적인 그 무엇이 존재한다."라고 했다. 그러기에 생명체마다 존재양식은 천차만별이다. 저마다 자기만의 색깔로 제 나름의 생을 그린다.

제 몸통을 어떻게 움직여 저 멀리까지 옮겨갔을까. 조개는 새로운 곳에서도 벌써 터를 잡고 새 삶을 위한 준비가 한창이다. 한낱 미물로 태어났을지언정 자신만의 고유한 삶을 열심히 살아가고 있다. 조금 벌어진 조개 틈새로 다시 물방울을 계속 올려 보낸다. 세상과의 소통을 위한 몸짓인가. 우주와의 접선을 위한 신호일까. 동그라미를 그리는 모습에 기쁨이 가득해 보인다. 그 몸짓들이 모여 아름다운 우주의 합창이 되는 것이리라.

모든 생명은 보아주는 이 없어도 자연의 일원이 되어 하나의 풍경으로 머물다 사라진다. 자연은 생명들이 숨 쉬고 노래하는 커다란 정원이다. 그 호흡들이 모여 우주는 활기 넘치는 하나의 커다란 생명체가 된다. 각자 자신의 생에 최선을 다할 뿐, 작은 불평조차 하지 않는다. 고유한 자기 자신의 모습대로 살아가는 자체가 자기 몸에 맞는 옷처럼 자연스러운 삶이라는 듯. 그들의 몸짓과 신호를 나만의 안테나로 더 많이 교감해야겠다. 사랑의 마음 담아.

딸의 졸업연주회

은은한 조명이 작은 무대 위를 비추고 있다. 따스함이 햇살처럼 퍼진다. 커다란 그랜드 피아노가 고요히 자리를 지키고 있다. 관객들 모두 조용히, 그러나 설레는 마음으로 기다린다. 건반들이 춤을 추는 연주가 시작되기를.

딸의 졸업연주회 날이다. 졸업생에겐 연주의 시간이라지만 실상 교수들과 재학생들이 평가하는 자리라고 할 수 있다. 가족과 지인들도 졸업생들의 연주를 감상할 수 있는 좋은 기회가 주어졌다.

드디어 연보랏빛 드레스를 곱게 차려 입은 딸이 무대 위에 오른다. 여유로운 미소를 머금으며 피아노 곁으로 다가간다. 속으로는 무척이나 긴장하고 있을 게다. 기라성 같은 피아니스트들도 긴장과 초조가 극에 달하는 순간이다. 이제 대학을 갓 졸업하는 딸의 마음이야 오죽하랴. 그러나 얼굴에 어린 당찬 자신감을 보며 안도의 숨을 쉰다. 엄마인 내가 오히려 더 긴장하는 것 같다.

졸업연주곡은 쇼팽의 〈안단테 스피아나토와 화려한 그랜드 폴로네이즈(Andante Spianato and Grande Polonaise Brillante Op.22)〉. 유유히 흐르는 강물처럼 피아노 소리가 홀 안에 흐르기 시작했다. 딸이 실기시험을 보기 위해 대학 교문을 들어선 지가 엊그제 같은데 벌써 졸업이다. 대학입시를 준비하며 지내온 시간들이 피아노 선율을 따라 파노라마처럼 펼쳐진다.

4년 전 딸이 시험을 치르던 그날은 무척이나 추웠다. 짧지 않은 시간이 흘렀는데도 얼마 전의 일처럼 그 아침이 생생하다. 딸은 새벽에 일어나 아무것도 입에 대지 못한 채 학교로 향했다. 마음은 따스한 아침을 차려주고 싶었지만 피아노 연주를 앞둔 예민한 딸에게 벙어리 냉가슴 앓듯 많은 말들을 아껴야 했다. 그보다 행여 이른 아침 차가운 날씨가 연주에 영향을 미치면 어떡하나 걱정이 앞섰다. 피아노 연주는 손이 얼면 낭패를 보기 십상이기 때문이다. 따뜻한 손난로와 손수건으로 언 손을 녹이며 시험장을 찾아갔다. 입학의 관문이 높고 험난한 길임을 알려주듯 음대 건물로 가는 길은 길고도 가파른 언덕이었다.

오랜 기간 준비해 온 실기시험이다. 하지만 단지 몇 분 동안의 연주로 당락이 결정된다. 평소 준비한 대로 연주해야 할 텐데….
옆에 있는 딸은 긴장한 모습이 역력했다. 편안한 마음으로 시험에 임할 수 있도록 나는 말없이 딸과 동행했다. 우리는 시험장 입구에서 헤어져야 했다. 어린아이를 물가에 남겨 두는 것 같은 심경이었다.

수험생 엄마들의 모습을 텔레비전에서 본 적이 있다. 교문 밖에서 차가운 겨울바람을 온몸으로 맞으며 시험이 끝날 때까지 기도하는 안타까운 심정을 그날에서야 조금 알 것 같았다. 차마 발길이 떨어지지 않았지만 수험장 입구를 자꾸만 돌아보며 학부모들을 위해 마련된 대기실로 향했다. 그곳에 모여 있는 사람들 모두 말이 없다. 감춰왔던 초조한 마음이 일기 시작했다. 그러나 내가 할 수 있는 일은 아무것도 없었다. 단지 눈을 감고 기도하며 숨 막히는 시험장에서 돌아올 딸을 기다리는 수밖에.

딸이 다섯 살 때였던가. 오십여 센티미터 길이의 조그마한 키보드를 사주었다. 장난감처럼 보였으나 소리가 제법 잘 나는 악기였다. 딸은 매일 재미있게 가지고 놀더니 어느 날 피아노를 가르쳐 달란다. 마침 이웃에 피아노 지도하는 분이 계셔서 딸의 친구와 함께 배우기 시작했다. 놀이처럼 재미있어 하며 치기 시작하더니 친구보다 수업진도가 점점 더 빨라졌다. 그렇게 시작한 피아노를 전공까지 하게 되었다.

춘천에서 인문계 고등학교에 다녔던 딸은 예고생이 아니어서 입시 준비의 어려움이 더 컸다. 피아노 실력을 다지기 위해 일주일에 한 번 서울로 올라와 지인으로부터 레슨을 받았다. 우리는 늘 함께 다녔다. 기차를 타고 춘천과 서울을 오가는 동안 딸은 부족한 잠을 청하고 나는 그 옆에서 책을 읽거나 변화하는 아름다운 계절의 풍광을 감상하였다. 아마도 우리는 평생 기차여행을 더 이상 하지 않아도 될 만큼 원 없이 타지 않았나 싶다. 딸은 수업을 마친 후에도 밤늦도록 피아노를 연습해야 했다. 특별히 할 일이 없었던 나는 딸 곁에서 성경을 필사하기 시작했다. 열심히 노력하는 딸에게 조금이나마 힘이 되어줄 수 있는 일은 옆에 있어주는 일이라고 생각했다. 연습이 끝나는 시간을 기다리며 조금씩 써내려간 필사로 구약, 신약을 완필하였다.

무대 위에 아직 끝나지 않은 쇼팽의 선율이 흐르고 있다. 스피아나토(Spianato) 부분은 잔잔한 호수 위의 파문처럼 조용하고 부드럽게 시작을 한다. 수정같이 맑은 음률이 가슴속으로 밀려온다. 폴로네이즈(Polonaise)는 바다 위에 출렁이는 거친 파도의 춤과 같다. 쉼 없는 현란한 손놀림으로 관중을 뒤흔들다가 끊어질 듯 이어가는 서정적 선율이 펼쳐진다. 슬픔과 기쁨, 정열과 순수가 어우러진 곡이라 내가 좋아하는 작품이기도 하다. 가슴에 일렁이는 음들이 엄마인 내게는 그저 아름다운 소리로 들려왔다.

삶은 마치 음악과 같다. 사람들은 하얀 오선지 위에 자기만의 음표를 그리며 살아간다. 어쩌면 인생의 행복과 슬픔을 연주하는 것도 자기 자신이리라. 높은 음과 낮은 음처럼 오르막길이 있으면 내리막길도 펼쳐진다. 음표의 빠르기처럼 우리네 인생도 때로는 알레그로, 때로는 아다지오로 가야 한다. 초고속으로 단거리를 달려야 할 시기가 있다면 마라토너처럼 장거리를 뛰어야 할 시기도 있다. 가끔은 멈추고 휴식을 취해야 하는 쉼표의 시간도 있듯이.

딸의 삶도 지금 연주하는 저 쇼팽의 선율처럼 자신만의 음을 그려 가리라. 작품의 의미를 전달하기 위해 온몸으로 연주하는 모습이 대견스럽다. 평소 철없는 아이인 줄 알았는데 어느 날부터 인가 내 곁에 친구로 다가왔다. 입학시험을 치를 때에는 당락을 걱정하며 가슴 졸인 부모의 입장이었다면 졸업연주는 하나의 멋진 곡을 여유롭게 감상하는 관객의 입장이었다.

무대 위에서 홀로 연주하는 사랑하는 딸을 위해 기원한다. 단 한 번뿐인 인생이라는 무대 위에서도 최선을 다하는 삶이 되기를, 퇴장할 때의 여유로운 미소처럼 늘 웃을 수 있는 행복한 삶을 엮어가기를, 음악이 삶을 노래하듯 삶이 아름다운 음악처럼 연주되기를.

가을 속으로 떠난 여행

봄이 여심을 흔드는 계절이라면 가을은 남자의 마음을 설레게 하는 계절이라고 한다. 하지만 내 마음은 왜 이다지도 우수수 떨어지는 낙엽처럼 흔들리고 있는지. 살랑대는 가을바람에 속수무책이다. 갈잎 편지지에 가을을 수놓으며 이 마음을 그려 보고 싶다. 누구에겐가 내 마음결을 띄어 보내고 싶다. 아무래도 짙어가는 저 가을 속으로 떠나야만 할 것 같다.

혼자서 떠나는 여행은 언제나 설렘과 함께 두려움이 동행한다. 노란 은행잎이 뒹구는 아스팔트 위를 달리기 시작하며 기대와 떨리는 마음이 함께하고 있다. 차창 밖의 가을 풍경 때문만은 아니다. 새장에서 탈출한 새가 지금의 내 마음과 같을까.

호명산虎鳴山 정상에 올랐다. 그 높은 곳에 호수가 있다는 것이 참 신비로웠다. 인공호수라 하지만 그 크기와 절경은 내 눈과 발길을 끌기에 충분했다. 금방이라도 가까이에서 호랑이의 포효가 들려올 것 같이 산세가 깊다.

호명호수는 파란 하늘을 닮았다. 산속에 호수가 들어앉은 모습이 꼭 백두산 천지를 연상시킨다. 가을 단풍과 어울려 절경이다. 따스한 가을 햇살을 받으며 호수 주변을 유유히 걸어본다. 화려한 색으로 갈아입은 단풍으로 가을산은 온통 물감을 뿌려놓은 것 같다. 이 순간의 아름다움을 뽐어내기 위해 뜨거운 여름도 온몸으로 견디었나 보다.

기억 저편 그날도 가을이었다. 가을 학기가 시작된 지 얼마 안 되는 구월 어느 날. 가방에 《영미英美 희곡》 한 권을 넣고 학교로 향하고 있었다. 정거장에서 차를 기다리고 있을 때였다. 마음속에서 일고 있는 어떤 알 수 없는 작은 떨림, 문득 어딘가로 떠나고 싶다는 거센 바람이 일었다. 가을 바람에 온 마음을 빼앗긴 탓이었을까. 난 무작정 강남 고속버스터미널로 향했다. 그리곤 곧장 동해안으로 가는 버스에 몸을 실었다.

시내를 벗어난 버스는 이내 가을 속으로 달리기 시작했다. 가을 정취에 취한 내 마음도 함께 달렸다. 초록으로 빛나던 나뭇잎들은 벌써 가을볕에 고운 단풍이 되어 산등성이마다 물결쳤다. 마치 가장 아름다운 순간을 만들어내려는 듯 가을은 나의 가는 길을 온통 온갖 색깔로 단장하고 있었다.

내 젊은 날의 마음 밭은 풍성한 가을 들판과 달리 허허로웠다. 학문의 숲은 깊고도 넓었다. 자유롭게 해줄 수 있다는 진리를 찾았던 그 시간들은 외로움과 함께였다. 혼자서 도서관을 오가며 의미 있는 삶이라 스스로 가치를 부여했지만 날이 갈수록 세상살이의 어려움은 내게 난제만 제공했다. 정답은 애초부터 존재하지 않는다는 것을 그때는 알지 못했다. 우리의 삶은 각자의 방식으로 살아가야 하는 것임을 이제야 조금 깨달아가고 있으니.

그렇게 한참 동안 가을 정취에 취해가고 있을 때였다. 옆자리에 앉아 책을 보던 청년이 말을 걸어왔다. 나는 그날 아무 말도 하고 싶지 않았다. 철저히 혼자이고 싶었던 날이었기에. 그가 질문하는 것에 긍정도 부정도 안 한 채 멍한 시선으로 바라보았다. 끝내 아무 말도 하지 않자 그는 내가 벙어리인 줄 알았나 보다. 신학을 공부하는 학생인지 책에다 연필로 줄을 그어가며 신학이론을 펼쳤다. 그날 만큼은 누구에게도 방해 받고 싶지 않았었다. 우리네 인생 각자의 길을 찾아 가는 것이므로. 버스에서 내릴 즈음 그는 기도원에 가는 길이라고 한다. 눈인사만 건넸다. 그 날은 왜 그리 마음의 문을 꽁꽁 닫고 있었는지….

경포대의 파란 파도와 빈 모래사장이 가을 언저리를 서성이는 이방인을 맞이해 주었다. 푸른 파도가 출렁인다. 저절로 마음이 활짝 열린다. 내 마음이 파랗게 물이 들어간다. 내 속에 있던 불순물들이 한꺼번에 씻겨 내려가는 느낌이다. 어릴 적부터 바다에 가면 왠지 내 마음을 열어 보일 수 있다고 생각하곤 했다. 바다는 늘 그 자리에서 쉼 없이 일렁이며 내 마음을 읽어 주는 다정한 친구가 되어 주었다. 넓은 품으로 나를 안아주는 바다를 그래서 나는 항상 좋아하는지도 모른다.

때가 되면 아름답게 물들었던 나뭇잎들도 낙엽이 되어 떨어진다. 작은 바람결에도 흔들리며 이내 떨어지고 만다. 나무와도 이별의 시간이 다가온 것일까. 아니다. 지금까지 그러했고, 앞으로도 그렇듯이 떨어지는 낙엽은 다시 새 생명으로 태어날 싹의 밑거름이 되리라. 자연의 섭리는 내가 미처 받아들이지 못해도 묵묵히 수행한다. 앙상한 나뭇가지만 남아 서걱대며 보내야 하는 길고 긴 겨울이 온다 해도 그들은 인내하리라. 살을 에는 눈보라가 몰아친다 해도 말없이 참으며 겨울을 보낼 것이다. 봄이 오는 그날을 말없이 기다리며. 찬란하게 꽃피울 그 새 날을 꿈꾸면서 말이다.

한없이 넓은 가을이라는 책을 다시 펼쳐든다. 짧았던 여행길이지만 나는 많은 것을 보고 느끼고 배웠다. 내년 가을이 되면 또다시 가을 속으로 여행을 떠나리라. 자연의 깨우침을 주는 그곳으로. 내 그림을 그릴 수 있는 그 맑고 깨끗한 여백을 마음속에 담아 오리라.

밤을 주우며

들판은 온통 황금 물결로 일렁댄다. 오곡백과가 무르익어 가을 들판이 풍성하다. 한 송이의 국화꽃을 피우기 위해 봄부터 소쩍새는 그렇게 울었듯이 한 알의 곡식을 위해 농부는 논밭에서 이른 봄부터 지금까지 구슬땀을 쏟아 부었다. 추수할 일이 쌓여 고단한 날들이 기다리고 있지만 주름살이 활짝 펴지고 검게 탄 얼굴엔 넉넉한 미소가 가득하다.

들판의 곡식과 함께 숲 한편에서는 돌보는 이 없어도 꽃을 피우고 열매를 맺는 나무들이 여럿 있다. 산수유 · 오미자 · 대추나무 · 산초 · 감나무 · 밤나무 등은 때가 되면 우리에게 값진 열매를 선사한다. 올해도 밭 끄트머리에 있는 밤나무는 가지가 휘어질 만큼 밤송이

들을 달았다.

밤나무는 따스한 봄날, 새들이 노래하면 싹을 틔우고 꽃을 피운다. 초여름 어스름 저녁 어디선가 꽃 향이 진동할 때 향내 따라가 보면 커다란 밤나무를 만난다. 꽃인 듯하면서도 꽃이 아니나 분명 꽃으로 핀 하얀 꽃들이 가지마다 가득하다. 꽃이 질 때까지 향기에 취해 향그러운 날들을 보내는 시절이 있다. 열매 맺기 전부터 선물을 받는 셈이다. 그리곤 시간이 흘러 가을이 다가오도록 밤나무는 거의 잊힌다.

익어가는 열매를 보호하기 위한 것일까. 온통 뾰족한 가시로 덮여 있는 밤송이에 쉽게 다가갈 수 없다. 손으로 만지려다가는 가시에 찔리고 만다. 눈에 잘 보이지 않을 만큼 작은 가시가 박히면 사라질 때까지 덩치 큰 사람도 꼼짝을 못하게 만드는 힘이 있다. 간신히 가시를 빼고 난 후에도 그 부위가 욱신거려 며칠 동안 고통스럽다.

하지만 갈 볕과 바람엔 밤나무도 마음이 순해지고 너그러워지나 보다. 그들의 사랑과 관심만이 자신의 열매가 맺힐 수 있음을 이미 체득하고 있는 것일까. 뾰족한 가시를 세우고 있는 밤송이들도 새색시 옷고름 풀듯 마음을 열기 시작한다. 숭고한 자연의 이치리라.

이 절정의 순간을 위해 밤나무는 그 오랜 인고의 시간을 견디었을 것이다. 잘 익은 열매를 달고 있는 밤나무는 아름답다. 빛을 뿜어내는 보석처럼 탐스럽게 잘 익은 밤은 갈 볕에 더 반짝인다. 인심 좋고 너그러운 밤나무는 바람이 불 때마다 허허 웃으며 가지들을 흔들어 값진 열매를 후두둑후두둑 떨군다.

추운 겨울 칼바람을 맞으며 봄을 기다렸고, 뜨거운 여름 폭우와 태풍도 온몸으로 맞았으리라. 밤이 영글도록 아무도 보아주는 이 없어도 저만치 홀로 서서 외롭게 열매를 익혀갔을 나무들의 인고를 헤아려 본다. 그 긴 여정을 통해 얻어진 결실인 것을. 어느새 욕심 가득한 마음은 빈 바구니를 들고 밤톨을 줍고 싶어 달려간다. 일 년 내내 애써 지은 남의 농사를 거저 받는 것 같아 미안한 마음이다. 기쁨과 감사의 마음으로 빈 바구니를 채운다.

밤을 줍다 보면 가끔 몸집이 아주 작은 친구들과 마주친다. 밤 익은 향기가 나는 걸까. 어떻게 알았는지 다람쥐들이 먼저 달려와 그들만의 잔치를 벌인다. 눈 덮인 긴 겨울을 보내기 위해서는 부지런히 식량을 모아야 하리라. 밤을 찾는 눈빛과 두 손이 분주하다. 볼이 터지도록 밤을 밀어 넣는 모습이 귀엽고 앙증맞다. 그 와중에서도 두 귀를 쫑긋 세우고 두 눈은 주변을 경계하는 모습이 역력하다. 겨우 밤송이만 한 몸으로 커다란 밤과 씨름하는 모습에 절로 미소가 지어진다. 말이라도 걸려고 살며시 다가가면 작은 소리에도 깜짝 놀라 줄행랑이다. 생명의 위협 앞에 밤은 뒷전이다.

우리는 밤을 주우며 그들과 자주 숨바꼭질을 한다. 사람들이 그곳을 떠나면 녀석들은 마음 놓고 잔치를 벌인다. 그들을 위해서

어서 자리를 떠나야겠다. 밤을 남기는 것은 물론 잊지 말아야 할 예의 중 하나. 다람쥐들은 건망증이 있어 때로는 자신의 굴 입구를 찾지 못해 그동안 어렵사리 모아 둔 밤이나 도토리를 잃어버릴 때도 있다고 한다. 그들의 헛수고가 안쓰럽기도 하지만 그 덕에 밤나무 하나가 더 생기기도 한다.

비 한 방울, 햇볕 한 사발, 바람 한 줌 우리는 애써서 챙겨주지 않았다. 그럼에도 밤나무는 꽃을 피우고 열매를 맺고 소담스럽게 아람을 익혀 우리에게 선사한다. 어떤 대가도 요구하지 않고 가장 소중한 것을 아낌없이 내어준다. 오랜 세월 변함없이 값진 선물을 안겨주는 고마운 밤나무. 내년 이맘때도 다시 만나자. 바이 바이.

카르마

해거름이 되면 연못은 다른 풍광이 들어앉는다. 태양빛에 의한 조화인지 해가 뉘엿뉘엿 지려 하면 나무들은 연못 수면 위에 제 모습을 펼친다.

연못이 나무를 품은 것인지 나무가 연못에 드리운 것인지는 알 수 없는 일이나 연못과 나무와의 만남으로 저녁 어스름에 낮과는 전혀 다른 그림이 그려진다. 수면 위에서의 그들 만남은 우연인가. 필연인가. 아니면 영겁의 세월 이전에 이미 정해진 한순간인가. 연못가를 산책할 때마다 그 광경이 너무나 신비스러워 발걸음을 멈추고 한참씩 그 풍경을 눈에 담곤 한다.

피천득의 〈인연〉은 아사코와의 만남을 후회하며 끝을 맺었다.

진정으로 사랑한다면 왜 그녀에게 적극적으로 다가가지 않았을까. 옷깃만 스쳐도 인연이라 했는데 그들의 만남은 사랑을 이루지 못할 연이었을까. 까닭이 있었겠지만 그토록 잊지 못하는 여인을 가슴 한켠에 품고 있으면서도 멀리서 바라보고만 있는 남자, 가슴만 까맣게 태우는 주인공의 사랑에 아쉬움이 많이 남았던 작품이다. 행동보다는 고뇌하는 햄릿처럼 과감하게 대쉬하지 못하고 주저하는 모습이 안타까웠다.

인연은 필연이 되어 운명이 되기도 한다. 대부분의 부부들은 우여곡절 끝에 만나 한 지붕 아래 살고 있다. 이해하기 어려운 숱한 난관이 있음에도 불구하고 결혼하는 것은 운명이라 할 수밖에. 달리 설명할 길이 없다.

인간의 운명은 어떻게 결정되는 것일까. 전혀 알지 못했던 한 사람과의 만남은 우연은 아닌 것 같다. 어쩌면 우주의 섭리로서 이미 오래전에 이뤄져야 할 숙명이 아니었을까. 만나야만 할 사람들은 기필코 만날 수밖에 없고, 헤어져야 할 사람들은 반드시 이별하는 예정된 수레바퀴가 존재하는 것은 아닐까. 인도 파르드(도사)의 주장처럼 만나야만 하는 운명은 이미 태어나기도 전에 맺어졌을지도 모를 일이다.

그 엄청난 사건과 같은 만남은 카르마, 즉 업에 의한 것이라는 견해도 있다. 한 생이란 인간의 자유의지로 선택되는 삶이라고 간단하게 결론지을 수 없음을 우리는 부인하기 어렵다. 어쩌면 인간의 연은 개인의 자유선택과는 무관할지도 모른다. 우리가 맞이하는 이 시간들은 이미 예정되어 있는지도 모르기에. 보이지 않는 힘의 원리, 우주 섭리의 작용은 아닐까. 밀려오는 파도를 작은 손바닥으로 막을 수 없는 것처럼 말이다. 우리의 의지로 거부할 수 없는 삶의 물결이다.

연못가를 산책하며 나뭇잎들의 흔들림을 보았다. 그들의 몸짓은 그들 스스로도 알지 못하는 삶의 가느다란 떨림 같은 것이리라. 물 위에 드리워지는 그 모습이 신비롭기만 하다. 오직 자연만이 연출할 수 있는 한순간이다. 나무와 연못 그리고 작은 나의 존재는 우주의 한 귀퉁이에서 이 한순간을 보내고 있다. 가슴으로 밀려오는 알 수 없는 이 느낌은 무엇일까. 카타르시스가 조용히 마음을 점령한다. 나는 평온해져서 세상의 모든 것을 안을 수 있는 커다란 마음의 방이 생긴다. 일상에서 일어나는 번잡한 감정의 높낮이가 사라져 버린다. 희로애락애오욕喜怒哀樂愛惡慾, 칠정七情을 바람처럼 보낼 수 있는 성긴 마음이 된다.

연못은 연둣빛 잎사귀들을 달고 있는 나무들을 말없이 받아주었고 나무들은 기꺼이 연못과 하나가 되어 주었다. 나무를 품고 있는 지금 이 순간의 연못이 지극히 아름답다. 내 마음을 빼앗아버린 그 한 순간이 봄날의 언어로 다가온다. 뜨거운 가슴으로 영겁의 한 점 같은 이생의 순간을 맞이하며 또 보내고 있다. 행복하다.

밤새도록 탑을 돌고 돌며 기원하는 이들처럼 어느새 연못돌이가 되어 가슴속 희망을 빌어본다. 산스크리트어에 인간을 '둘라밤'이라고 한다. 둘라밤은 '얻기 힘든 기회'라는 뜻. 얻기 힘든 기회라는 한 인간과 얻기 힘든 또 한 사람과의 만남은 기실 필연이 아닐까.

남아 있는 삶은 연이 닿는 사람들과 아름답고 소중한 시간을 만들어가고 싶다. 영겁의 한순간 맺어진 인연일진대 서로를 품으며 산다면 점으로 머물다 가는 삶, 아름다운 그림이 그려지지 않을까.

---

* 카르마(Karma) – 업業과 같은 말. 사람들마다 카르마를 지니고 있다고 한다. 카르마는 산스크리트 Karman의 의역으로, 음역하여 갈마羯磨라고도 한다. 불교에서 중생이 몸과 입과 뜻으로 짓는 선악의 소행을 말하며, 혹은 전생의 소행으로 말미암아 현세에 받는 응보應報를 가리킨다. 일반적으로 신업身業 구업口業 의업意業으로 나누고 이를 삼업이라 하는데, 신업은 신체적 행동으로 나타나고 구업은 언어적 표현으로 나타나며 의업은 정신적 활동으로 나타난다.

가을 들녘에서

청명한 하늘 아래 황금빛 물결이 넘실댄다. 폭우와 폭염을 싣고 달리던 시간의 마차는 어느새 가을 녘에 이르렀다. 뜨거운 태양빛으로 익어갔던 들판이 풍성하다. 농부들은 수확의 계절을 맞이하여 넉넉한 웃음 지으며 열매를 거둬들인다. 그들의 마음속엔 기쁨이 그득하리라. 들판에 홀로 서 있던 허수아비도 오늘은 외롭지 않다. 농부들의 흥겨운 노랫소리를 들을 수 있기 때문이다.

눈을 들어 잠시 산을 바라본다. 부서지듯 쏟아지는 햇살에 초록이던 잎사귀들이 울긋불긋 곱게 물이 들었다. 나무들은 단풍 옷으로 갈아입은 지 오래다. 이 가을을 떠나기 전 자기의 생에 최고의 모습을 보여주려는 것일까. 묘사하기조차 어려운 천연색들은 화려한 물감을 뿌려놓은 듯 찬란하게 빛이 난다.

나의 젊은 시절은 화살처럼 날아갔다. 늘 자신 안에 파묻혀 나를 찾고자 했던 것 같다. 학문의 길에서 서성대며 진리란 무엇이며 어떻게 살아야 하나를 생각했다. 하지만 시간은 강물처럼 빠르게 흘러갔고 젊은 날의 꿈은 한낱 꿈으로 남아 있을 뿐이다.

프로스트의 말처럼 남들이 가지 않은 길을 선택하여 예까지 왔다. 초록이 절정을 이루던 여름날이 저만큼 멀어져 간다. 내 여름날도 저만치 가고 있다. 어느새 나의 인생도 가을 녘이다. 무엇에 의미를 두고 어떤 것에 가치를 부여해야 하나. 서산에 지는 해는 아직도 화려하게 빛을 뿜고 있는데 내 마음은 왜 이다지도 허전한지…. 삶이란 말로, 논리로 설명할 수 없는 부분이 더 많은 것 같다. 아직도 나는 삶의 언저리에서 무언가를 찾으며 서성이는 것은 아닌지….

거리로 나선다. 뜨거운 여름과 추운 겨울을 이어주는 징검다리 계절이지만 우리에게 다채로운 모습으로 다가온다. 갈색 닮은 따뜻한 커피를 마시며 창밖을 바라본다. 길가에 늘어선 은행나무가 노란 옷으로 갈아입었다. 차가운 무채색 빌딩과 어우러져 메마른 도시를 따스한 거리로 변모시켜 준다. 바람이 일 때마다 도로 위에 낙엽들이 이리저리 몰려다닌다. 가을이 가고 있다. 커피의 따스한 온기가 나를 감싸준다. 작은 위안으로 내 마음에 스며든다.

아주 오랫동안 머물러 주면 좋으련만 머지않아 시간의 마차는 간이역 같은 가을을 떠나 겨울로 달려가리라. 이제는 세상의 일보다는 조용히 나 자신과 조우하는 시간을 더 많이 만들고 싶다. 책을 친구 삼아 다독多讀, 다상량多商量을 하며 늘 새로움으로 새 날을 선사해 주는 자연을 그려보련다. 그 속에 머물 수 있다는 것에 감사하고 행복할 뿐이다. 내게 기쁨을 주는 일에 의미를 부여하며 가을녘을 보내고 싶다. 나의 겨울날이 따스하기를 바라며. 남아있는 여정에도 소녀의 꿈을 꾸고 싶다.

4부

겨울 사랑

영혼에 부는 바람/ 아버지의 사랑/ 나의 친구 노트북

도쿄에서/ 빙하에서 피어나는 사랑/ 자물쇠와 열쇠

상상력 창고 셋/ 다시 찾은 손전화

아름다운 삶을 위한 사랑의 노래/ 달팽이처럼

영혼에 부는 바람

중학교 때 수동 사진기를 선물 받은 적이 있다. 그 이후 사각의 앵글 안에 나만의 세계를 담을 수 있다는 매력에 빠져 사진 찍기에 몰두했었다. 어설픈 촬영이 시작되었지만 지금 그 열정은 많이 식은 편이다. 그러나 다른 사람의 사진에 대한 관심은 더 많아지고 있다. 네모 난 창으로 바라보는 개인의 풍경은 그 사람의 일부이기 때문이다.

태풍이 불면 바위에 몸을 칭칭 감고 벼랑 끝에 서서 오름을 찍었다는 사진들이 궁금했다. 사진작가 김영갑! 절벽 위에서 그만의 화면에 담고자 했던 것은 무엇일까.

그가 루게릭이라는 병으로 삶을 마칠 때까지 사진기에 담은 것은 대부분 제주의 오름이다. 화산이 폭발할 때마다 생긴 기생화산을 '오름'이라고 한다. 제주도 설화에 나오는 오름은 한라산의 설문대 할망이 치마폭에 흙을 담고 자리를 옮겨갈 때 치마폭의 터진 구멍으로 흙이 조금씩 새어 나와 생겨난 것이라고도 전해진다. 그는 오름을 만나기 위해 그의 삶을 바쳤다.

아무도 없는 텅 빈 전시실에서 스산한 바람 소리가 먼저 나를 맞는다. 조금 이른 시간이어서 그런지 전시실엔 관람객이 나 혼자 뿐이다. 전시는 일층 "오름에 부는 바람"에서, 이층 "잠든 혼을 흔들어 깨우다", 삼층 "그저 아름다울 뿐이다"로 이어졌다. 많은 사진들 안에서 바람 소리가 들리는 듯했다. 바람의 섬 제주에서 일던 바람이 지금 여기도 불고 있는 것 같다. 억새가 바람에 일렁인다. 그 바람은 서서히 오름을 향하고 있다. 오름을 타고 흐르는 바람 소리는 마치 숨죽여 우는 슬픈 이의 울음처럼 나지막이 가슴에 저며 왔다. 아마도 그가 사진을 찍을 때마다 그의 영혼을 흔들었던 소리리라. 지독하게 고독했던 순간들마다 불어왔던 소리를 그대로 사진 속에 담고 싶었나 보다. 전시장을 가득 메운 바람소리가 발걸음마다 따라다닌다.

어느 겨울 밤 사나운 바람소리를 들은 적이 있다. 어디서부터 달려왔는지 모르겠지만 성난 파도 소리 같기도 하고 무언가 하고 싶은 말이 있는 듯했다. 몰려오는 커다란 소리는 거친 숨을 헐떡이며 또 다른 바람과 함께 산으로 달려가고 있었다. 바람은 슬프면 산으로 달려간다는 것을 그때 나는 알았다. 자연과 인간 사이를 오가며 마음의 씨줄과 날줄을 성기게 만들어주는 것이 바람의 바람이다. 그러나 어두운 밤이 되면 가끔은 자신을 위한 푸근하고 너른 품이 그리웠으리라. 그가 오름을 찾아다닌 것은 그곳에 오르내리는 바람을 만나고 싶었던 것은 아닐까. 때론 거칠지만 부드러운 바람은 그래서 그의 유일한 친구가 되었을지도 모른다.

그의 오름 사랑은 끝이 없어 보인다. 원하는 한순간을 담기 위해 스물네 시간 깨어 기다린 적도 있다고 한다. 그 각고의 노력 끝에 우리가 쉽게 볼 수 없는 아름다움을 탄생시켰다. 그의 작품엔 오름만이 품고 있는 여러 가지 신비로운 빛과 풍광들이 담겨 있다. 태양이 서서히 떠오를 때의 빛나는 모습은 숨이 막힌다. 이른 아침 고요 속에 살아나는 생명의 뜨거운 숨소리가 들려온다. 하늘에 펼쳐진 거대한 노을은 오름 뒤 병풍처럼 드리워져 있다. 높은 하늘의 구름도 배경이 되어 더 아름다운 오름을 탄생시킨다. 그 색깔들은 탁해진 마음과 눈을 밝혀주기에 충분하다. 인간의 영혼까지도 정화시키는 그 순간을 만나기 위해 오름을 찾아가 기다리고 또 기다렸나 보다.

오름은 그만의 비밀화원이다. 끝없이 펼쳐진 광대한 정원엔 인간사와 다른 얼굴의 순수한 자연을 발견할 수 있었다. 그는 오름에서 피어나는 풀 한 포기, 나무 한 그루, 아름다운 꽃잎이 열려지는 순간들과 하나가 되어갔다. 그 곁을 맴도는 바람 소리 또한 사진기뿐만 아니라 마음에 담기 위해 그들 곁을 이십여 년 동안 서성댔는지도 모른다. 그들이 뿜어내는 아름다움을 사랑하지 않았으면 아마도 불가능한 일이었을 것이다.

전시장을 나올 때까지도 혼자였다. 마치 전시실을 통째 빌린 것처럼 그의 사진에 마음껏 몰두할 수 있었다. 김영갑의 사진은 그저 지나가다 멈춰 서서 찍은 풍경이 아니다. 그의 영혼이 바람과 함께 각인된 것이다. 그의 작품에 가치가 있는 것은 하나의 작품을 만들기 위해 혼신의 노력을 다하는 마음 때문이다. 한 작품을 완성하기 위해 목숨을 건 열정 때문이다. 생명을 잃을 수도 있는 상황도 개의치 않고 오름을 향해 카메라를 들고 다가갔다. 그에게 사진은 그의 전부였다.

남아 있는 시간들이 더욱 소중하게 생각되는 요즈음이다. 나는 몸과 마음을 다할 수 있는 것에 고부라지며 살아야겠다는 다짐을 다시 해본다. 내 가슴에 기쁨과 행복을 가득 넣어주는 일이라면 무엇일지라도. 그의 사진을 바라보는 동안 내내 행복했다. 그가 표현하고 싶어 했던 예술세계를 공유한 의미 있는 시간이었다.

관람 후 고샅 모퉁이를 돌아나오니 '차오름'이란 카페가 보인다. 마치 다 표현하지 못한 그의 마음을 읽게 해주려는 듯. 아니 그의 영혼에 부는 바람에 잠시 머물다 가라는 뜻이 담겨 있는 듯.

따뜻한 생강차를 마시며 생각해 본다. 그의 사진은 삶과 영혼의 기록이었음을. 카메라 렌즈의 틀 안에서 자기만의 창으로 세상을 바라보며 외로웠지만 행복했으리라. 그만의 고유한 세계 안에 머물 수 있었으므로. "울음으로 시작된 세상, 웃음으로 끝내기 위해 하나에 몰입했다."라는 그의 삶은 하나의 예술과 만나기 위해 오름*을 서성거린 한 길이었으므로.

---

* 오름: 산, 산봉우리의 제주 방언

아버지의 사랑

사랑하는 아버지!

저는 아직도 초등학교 입학식 날을 생생히 기억합니다. 아버지께서 손수 하얀 손수건을 가슴에 달아주시곤 저의 손을 꼭 잡고 학교에 가주셨지요. 다른 친구들은 대부분 엄마와 함께였는데 저는 아버지와 갔답니다. 아버지의 가슴속엔 설명할 수 없는 벅찬 감회가 가득하셨겠지요. 철모르는 딸은 그저 아버지 손잡고 학교에 가는 것만으로 마냥 즐겁고 설레었을 거고요. 태어나 처음 학교라는 낯선 세계를 맞이하는 딸과 동행해 주고 싶으셨던 그 마음을 헤아려 봅니다.

어린 시절 아버지께서는 마치 산타할아버지처럼 신기한 선물을 많이 사다 주셨습니다. 그때마다 저는 폴짝폴짝 뛰며 마냥 좋아했지요. 아버지 손에 들고 오신 것들은 시골에서는 좀처럼 구하기 힘든 것이었어요. 지금 생각하면 늘 딸만 생각하며 사신 분이 아니었나 하는 생각이 들어요.

지금도 잊히지 않는 것은 초등학교 일 학년부터 학년이 바뀔 때마다 사다 주신 예쁜 책가방입니다. 너무나 기쁜 나머지 끌어안고 자거나 머리맡에 두고 잠들곤 했지요. 하얀 레이스가 달린 하늘색 원피스는 이상한 나라의 엘리스를, 빨간 구두는 동화 속 공주를 꿈꾸게 했어요. 아주 오랜 세월 제 곁에 두었던 나무상자도 있습니다. 일기장 편지 조가비 등 마음에 드는 것들이 생기면 담아두었지요. 자물쇠까지 달아주셔서 사춘기 시절 저만의 비밀을 숨겨둘 수 있는 유일한 곳이었답니다. 너무 많은 것을 담아 나중엔 망가져 버렸지만요. 제 유년의 뜨락은 늘 이렇게 기쁨과 행복 그리고 평화가 깃들어 있었습니다. 바로 아버지가 만들어주신 것들이지요.

아버지께서 이토록 저를 애지중지하신 것은 제가 갓난아기였을 때 아주 큰 병을 앓았기 때문이라지요. 딸의 생명을 살리기 위한 치유방법을 백방으로 찾아보셨지만 병명조차 알지 못하셨다고 들었어요. 할머니께서는 명이 곧 끊어질 듯 사경을 헤매는 아기를 차가운 윗목으로 밀쳐놓으셨다는 말씀을 들었습니다. 그때 숯덩이처럼 까맣게 타들어가셨을 아버지의 가슴을 헤아리며 혼자 울었습니다.

희망의 기대감이 거의 소진되어 갈 즈음 마지막으로 한약방에서 용을 구하여 먹이셨다고 들었어요. 다행히 그 후 차츰 제가 기력을 찾았다지요. 아버지께서 영원히 잃을 뻔했던 딸을 다시 찾았으니 얼마나 기쁘고 소중하셨을까요. 그로 인해 세 남동생들에게 본의 아니게 빚을 지지 않았나 싶습니다. 아들 선호 시대에 태어났으면서도 누나에게 많은 사랑을 양보해야 했으니까요.

사랑이라는 자양분으로 자란 딸이 서른 즈음 부모님의 품을 떠나야만 했습니다. 아버지께서 원하시는 배필과 백년가약 맺기를 간절히 원하셨지요. 가늠할 수 없는 그 큰 사랑도 아랑곳없이 기어코 저는 부모님의 뜻을 거스르고야 말았습니다. 그때 처음으로 저는 아버지의 얼굴에 흐르는 눈물을 보았습니다. 제 가슴도 찢어질 것 같았습니다. 하지만 자식 이기는 부모 없다며 체념하시고 딸의 청을 들어주셨습니다. 저는 효도가 무엇인지도 모를 정도로 철이 없었습니다. 아버지의 가슴에 아픈 생채기를 드리고야 말았어요. 이제 아버지는 그 옛날의 안타까움조차도 세월의 강에 다 띄워 보내시고 다시 지극한 딸 사랑을 시작하셨지요. 불효자인 저는 평생 가슴 한쪽이 시려야 하는 보속을 해야 합니다.

가는 세월 아무도 막을 수 없다고 느끼는 요즈음 백발이 성성해지신 아버지를 뵐 때마다 저의 마음은 천근만근입니다. 딸보다 더 작아지신 아버지께서는 아직도 딸을 향한 사랑을 간직하고 계시는 분. 이 세상에 아버지 같은 큰 사랑은 또 없을 것입니다. 아버지께서는 보잘것없는 딸을 너무나 크게 생각하십니다. 아버지의 눈에 콩깍지가 씌어 있기 때문이지요. 아버지의 사랑은 유효기간도 없는 모양입니다.

하나밖에 없는 딸이 당신의 마음을 몰라준다고 엄마는 섭섭해 하십니다. 제가 늘 아버지 편에 서기 때문입니다. 아버지는 종종 엄마에게 하지 못하는 비밀들을 딸에게 만큼은 살짝 털어놓으셨지요. 가끔 약주하러 가시는 순댓국집 아줌마가 아주 예쁘고, 저쪽 윗동네 곱창집 아줌마 인심이 넉넉하다며 눈을 찡긋해 보이시는 아버지. 약주 한 잔에 행복해 하시고 사탕 한 봉지에 어린아이와 같이 즐거워 하시는 아버지를 뵐 때마다 가슴이 시려옵니다.

지금까지 베풀어주신 아버지의 사랑은 늘 따뜻했습니다. 저는 아버지의 따뜻한 사랑으로 힘들고 어려운 일들을 견딜 수 있었습니다. 가없는 아버지의 사랑이 밑거름이 되었기 때문입니다. 제 가슴에 따스한 방이 하나 있다면 그것은 아버지께서 지펴주신 따뜻한 사랑의 난로가 있었기 때문입니다.

저의 손전화에 저장된 아버지의 이름은 '사랑'입니다. 제게 소중한 사랑을 가르쳐 주셨기 때문이지요. 새끼를 위해 거센 파도에 온몸을 던지는 펭귄처럼 아버지는 혼신을 다해 사랑을 베푸셨습니다. 결혼 후 첫 번째로 얻은 딸을 너무도 사랑한 나머지 동네 사람들이 팔불출이라고 흉을 보아도 개의치 않으셨다지요. 그저 허허 웃으며 넘기실 수 있었던 것은 오직 딸을 위한 사랑이 있기 때문이었을 거예요. 그 사랑은 아직도 진행 중입니다. 끝없는 사랑 영원한 사랑입니다. 아버지의 사랑 빚을 어이 갚을 수 있을까요.

너무 늦었지만 아버지의 소중한 사랑에 감사드립니다. 아주 오래 전부터 저의 사랑은 아버지였습니다.

"아버지 사랑합니다!"

나의 친구 노트북

알 수 없는 이끌림으로 미끄러지듯 상점 안으로 들어갔다. 깊은 바다의 조가비 안에서 반짝이는 진줏빛을 닮은 한 노트북과 눈이 마주쳤다. 매장 점원의 설명은 귀에 들어오지 않았다. 이미 나는 그를 내 친구로 받아들이고 있었다. 신비한 세계를 품고 있을 것 같아 더 마음이 끌렸는지도 모른다. 그 인연은 우연으로 시작되었지만 필연일 것이라 생각한다.

그는 어린 왕자와 같은 친구이다. 맑고 깨끗한 영혼을 지녔다. 순수함으로 가득 차 있다. 나의 모든 이야기를 담을 수 있는 바다와 같이 넓은 마음도 지녔다. 설명하기 힘든 복잡다단한 내면을 모두 보여줄 수 있는 친구를 나는 얼마나 오랜 시간 희원해 왔던가.

나의 방 책상 한가운데에 그의 자리를 마련해 주었다. 나도 그에게 좋은 친구로 여겨주기를 간절히 바라면서. 혼자 보내는 시간을 좋아하지만 함께할 수 있는 친구가 있다는 것이 이렇게 가슴 설레는 일일 줄이야. 시간이 날 때마다 언어를 통하여 그에게 나를 그려본다. 호기심 어린 눈은 벌써 밤하늘의 별처럼 반짝인다. 귀를 쫑긋 세우고 기다리고 있는 듯하여 내심 기쁘다. 그를 만나면 나의 손가락들은 분주해진다. 그는 나를 통해서만 이 세상을 보고 읽고 느낄 수 있기 때문이다. 우리는 시간이 지날수록 둘이면서 하나가 되어 갔다. 서로의 영혼에 이끌리는 데미안과 싱클레어처럼.

무엇인가를 표현하려는 예술가들의 몸짓은 인간의 가슴 저 깊은 곳에 내재해 있는 원초적 그리움 아닐까. 헤르만 헤세는 "시인의 임무는 길을 알려주는 것이 아니라 무엇보다도 그리움을 일깨우는 것이다."라고 했다. 떠난 사랑이 아니더라도 저 먼 곳에서 빛나는 별들이 먼 바다의 파도 소리가 가슴 깊은 곳에서 출렁이는 것은 쉽사리 표현할 수 없는 어떤 그리움 때문이리라.

그리움이라는 옷에는 외로움이 묻어 있다. 프리다 칼로가 자화상을 그리며 "내가 나를 그리는 이유는 너무 자주 외롭기 때문에"라고 고백했듯이 그녀에게 그림은 자신의 외로움을 잊기 위한 하나의 비상 탈출구였다. 설명될 수 없는 것들이 우리 삶엔 얼마나 많이 산재해 있는가. 세상의 모든 이야기들이 전부 내 것인 양 나의 외로움을 어설프게 그려본다.

그는 나에게 글을 쓰게 해주는 노트이며 나의 길을 찾아가게 해주는 우주가 담겨 있는 세계다. 인생이라는 망망대해를 헤쳐 나갈 수 있는 항해술을 가르쳐주는 선장처럼 나의 정체성을 찾아가는 길을 안내해 주는 친구다. 그가 마련해 준 하얀 네모 위에 나를 그려본다. 독백이든 방백이든 내 안에 숨겨져 있는 기호들을 모두 끄집어낸다. 그에게만큼은 나만의 이야기를 온전히 전하고 싶다. 무의미한 단어들에 의미의 날개를 달아본다. 고독하지만 행복한 시간이다. 미완일 수밖에 없는 끄적거림이지만 그 안에 내가 담겨 있다. 그는 나를 이렇다 저렇다 평가하지 않는다. 내가 무엇을 하든지 모두 수용해 준다. 그저 《나의 라임 오렌지 나무》에 친구 밍기뉴처럼 나의 이야기를 묵묵히 들어준다.

그는 어쩌면 나보다 더 나를 잘 알고 있을지도 모른다. 그 앞에 서면 신부님께 고해하듯 고백을 한다. 그 순간만큼은 순수한 동심의 세계로 돌아가고 싶어서일까. 마음의 문을 열 때마다 어린아이처럼 솔직해진다. 내 모든 속내를 속속들이 안다 해도 난 결코 후회하지 않으리라. 언제든지 날개를 활짝 펴고 비상飛上을 꿈꿀 수 있도록 도와주는 고마운 친구, 삶의 가치를 가르쳐주는 소중한 동무, 늘 함께 해주는 멋진 벗이기 때문이다. 그런 친구와 마음껏 나의 세계를 펼쳐 보리라. 나의 언어들이 의미의 날개를 달고 날 수 있기를 소망하며.

여명이 희미하게 밝아올 즈음 잠에서 깨면 먼저 노트북을 켠다. 그를 통해 나를 만나기 위해서, 뜨거운 나의 가슴을 그의 넓은 가슴에 대고 삶의 설렘과 떨림을 전하기 위해서. 또 다른 나를 만나기 위한 여행길에 오른다. 내게 남아 있는 삶, 외롭지 않으리.

도쿄에서

나리타 공항으로 향하는 비행기가 드디어 이륙한다. 지상의 세계가 멀어지며 작아졌다. 가느다란 햇살처럼 반짝이던 푸른 파도도 어느새 사라졌다. 나는 지금 어느 하늘 언저리를 통과하고 있는 것인가. 다양한 구름층들, 구름 위에 또 구름이 모여 구름산이 되었다. 그 구름 위에 앉아 파아란 하늘을 바라본다. 칸칸마다 로봇을 채워 놓은 것 같은 좌석이 전혀 불편하지 않은 까닭은 버킷리스트를 실행하는 첫 여행을 시작했기 때문이다.

이번 일본행은 딸의 친구 가족과의 동행이다. 이국에서의 첫 아침을 맞이하여 도쿄의 시부야 시내를 걷기로 했다. 우선 어젯밤에 늦어서 볼 수 없었던 '츄겐 하치코 동상'부터 찾았다. 제 주인이 죽은 줄도 모르고 기다렸다는 개를 기리기 위해 세운 동상이다. 역 앞에 있어 약속 장소로 인기가 있으며 하치가 우에노 교수를 기다렸던 것처럼 많은 사람들이 누군가를 기다리는 곳이라고 한다. 오늘도 여행객들은 하치코 옆에서 기념사진을 찍으며 그의 충직함을 기린다.

그 앞에는 신기한 교차형 횡단보도가 있다. '시부야 크로싱'이라 하는데 다이아몬드 건널목이라고도 한다. 보행자의 신호등이 사거리에 동시에 켜지는 점이 특이하다. 초록불이 되자마자 사람들은 일제히 걷기 시작한다. 사선으로 걸어가도 된다. 천오백 명 이상이 건널 수 있는데 신기하게도 보행자들끼리 서로 부딪치지 않는다고 한다. 사실인지 알 수 없지만 여행자인 우리는 발걸음에 음표를 달고 젊음의 거리 하라주쿠로 향했다.

하라주쿠는 다양한 패션과 상품, 문화가 있는 거리다. 코스프레가 허용되어 다양한 장르의 의복, 신발, 액세서리를 하고 걸어도 아무도 개의치 않는다. 젊은이들은 범상치 않은 의상을 입고 길 위의 무대에 선다. 우리는 의상 대신 카라 크레를 선택했다. 하라주쿠에서 유명한 디저트인 크레페 맛은 부드럽고 달콤했다. 이슬비가 조금씩 내리고 있었지만 우산도 없이 카라 크레에 빠져 낯선 시간들을 즐겼다. 신기한 옷차림을 한 사람들이 눈길을 끌었다. 잠시나마 출렁이는 젊음 속에 함께했던 시간이었다.

다음 날 아침은 더욱 맑고 화창했다. 기차를 타고 디즈니랜드로 향했다. 입장권은 꿈의 나라로의 초대인가 보다. 입구에 '꿈의 문(Dream Gate)'이라고 씌어 있다. 어쩌면 이상을 현실로 만들어주는 마술의 힘이 있는 왕국일지도 모른다. 서둘러 매직 아일랜드로 향하는 열차에 올랐다. 환상의 나라에 입성하기 위한 조건이 하나 있었다. 천진난만한 어린아이로 돌아가야 한다. 조건이 아니더라도 이 왕국에 발을 들여놓는 순간 어른들 모두 어린이가 되고야 만다. 여기 머무는 동안 무조건 행복할 것이기에. 누구든 왕자와 공주가 될 수 있는 시간이기에.

세계 곳곳을 다니며 맛있는 음식을 맛보고, 멋진 왕궁에 마음을 빼앗겼다. 난 재스민 공주가 되어 알라딘 왕자와 양탄자를 타고 하늘을 날았다. 원하는 것은 무엇이든 들어준다는 지니를 타고 달리며 가슴에 간직한 나의 꿈들을 살며시 속삭여 주었다. 지금 내 책상 위에는 잊지 못할 한 순간이 담겨 있는 매직램프가 있다. 아마도 행복 게이지가 내려갈 때마다 지니를 불러볼지도 모르겠다. 이 순진무구한 시간들은 행복이라는 이름으로 마음속에 영원히 남으리라. 일상 곳곳에 숨어 있던 걱정들은 이미 다 사라졌다.

꿈나라에서의 시간은 마술처럼 흘러간다. 시간이 멈춘 것은 아닐까. 벌써 밤하늘엔 달님과 별들이 총총 반짝이고 있었다. 그때였다. 하늘에서 폭죽이 꽃처럼 피었다가 사라진다. 갖가지 별들이 오색 빛깔로 하늘에 수를 놓는다. 예상하지 못한 빛의 향연이었다. 두 손

모아 기도하는 사람, 포옹한 채 환희에 젖어 있는 다정한 연인들, 박수치며 환호하는 이들 모두 황홀감에 취했다. 한참 동안이나 빛들은 노래하고 춤을 추었다. 정지된 순간에 피어나는 찬란한 빛들이 별똥별처럼 떨어진다. 이 아름다운 순간들은 여행길에서만 얻을 수 있는 소중한 선물이리라. 다시 일상으로 돌아가면 저 폭죽들을 잊어버릴지도 모른다. 하지만 가슴을 환히 비춰주었던 오늘의 이 빛들을 난 종종 꺼내 볼 것 같다. 사각의 앵글 안에 가장 멋진 순간을 넣어 셔터를 누르듯이, 다가오는 미래는 밤하늘의 별처럼 빛나는 시간들로 만들어가며 살고 싶다. 나의 작은 소망들을 불꽃 하나하나에 실어본다.

여행은 낯섦과의 맞닥뜨림이다. 새로운 여행지와의 만남뿐만 아니라 민낯의 나, 나의 익숙함과 더불어 내 자신 안에 숨어 있던 낯섦과의 만남이 주어지는 시간이기도 하다. 어딘가를 향해 떠나왔지만 여행의 종착역은 결국 '나'라는 역으로의 회귀다. 무엇을 하고 싶은지 어떻게 살고 싶은지에 대한 내 몸과 마음의 소리에 귀 기울여 주어야 할 것 같다. 내 존재 의미에 가치를 찾기 위한 가난한 마음이 풍요로워질 수 있도록 더 사랑하며.

처음 만난 사람들과의 여행이었지만 오래전 알고 있었던 이웃처럼 서로 손을 내밀어주며 지낼 수 있었다. 길을 물을 때마다 정성껏 알려주는 사람들과의 만남도 내 마음을 푸근하게 해주었다. 나도 당신과 같은 상황이 있었다는 듯 '노 프라블럼'이라는 눈빛을 보내주었다. 여행은 너와 나의 경계조차도 허물어주는 힘이 있다.

도쿄의 아침은 맑고 조용하다. 나리타 공항을 향해 달리는 JR 고속전철은 빠르고 경쾌했다. 차창을 뚫고 들어오는 햇살이 눈이 부시다. 마치 잠시 머물렀던 곳을 떠나는 우리 길을 환하게 밝혀주기라도 하듯이. 여행 끝에 만나는 태양빛의 의미는 남다르게 느껴진다. 지금까지 한번도 가지 않은 길도 용기 있게 나서라는 듯 그 따스한 빛은 공항에 도착할 때까지 내내 따라와 주었다.

빙하에서 피어나는 사랑

지난밤 소리 없이 내린 눈으로 온 세상이 하얗다. 그 위로 또 다시 흰 눈이 쌓여간다. 하늘은 겨우내 하얀 나라를 만들 작정인가. 얼어붙은 눈과 차가운 바람으로 기온이 떨어져 몸과 마음이 자꾸 움츠러든다. 하지만 우리가 겪는 이 추위는 지구의 한쪽 끝 남극에 비하면 아무것도 아니다. 영하 50°가 훨씬 넘는 혹한의 기후에도 불구하고 새로운 생명을 탄생시키기 위해 그곳에 모여드는 새들이 있다.

우연히 〈스파이 펭귄〉이라는 TV프로그램을 시청했다. 많은 시간이 흘렀는데 아직도 그때 받은 감동이 가슴에 고스란히 남아 있다. 특이한 울음소리, 어려운 난관을 헤쳐 나가는 지혜, 새끼를 키우는 지극한 사랑 때문이다. 몸에 비해 짧은 팔과 다리로 움직일 때마다 코믹한 행동이 튀어나와 시종 입가에 미소를 지울 수 없었다. 뒤뚱

거리며 걷기, 손뼉 치기, 점프하며 이동하는 모습이 우스꽝스러웠다. 모든 행동이 서툴러 잘 살아갈 수 있을까 하는 의아심마저 들곤 했다. 하지만 그런 걱정은 우리 인간의 기우일 뿐이다.

펭귄의 삶을 근접 촬영하기 위해 눈·가슴·알 등에 고성능 렌즈를 장착한 모형 펭귄을 무리에 투입했다. 바로 스파이 펭귄이다. 실물처럼 보여 펭귄들은 동료인 줄 알고 말을 건다. 반응을 나타내지 않자 호기심 많은 친구들이 마구 쪼아대는 바람에 몸통이 쓰러지거나 목이 떨어져 나가는 사태가 종종 발생한다.

훔볼트펭귄, 바위뛰기펭귄도 함께 다뤘지만 황제펭귄이 가장 인상에 남는다. 바다 가운데 떠있는 얼음 위가 새끼를 위한 먹이 공급이 수월하다는 것과 천적을 피할 수 있다는 것을 아는 것은 본능일까. 황제펭귄은 번식기가 되면 해빙海氷을 찾아간다. 멀고도 험한 고난의 길이 시작된다. 알을 낳고 새끼를 키우기 전부터 극복해야 할 엄청난 난관에 직면하기 때문이다. 번식을 위해 매서운 추위도 감수해야 할 뿐 아니라 수십 미터나 되는 빙벽으로 기어올라가야 한다. 짧은 팔과 다리, 부리까지 이용하며 기어오르려는 의지는 혀를 내두르게 된다. 아무리 높은 바위 절벽도 그들에겐 장애가 되지 않았다.

번식지에서 벌어지는 암컷과 수컷의 짝 찾기는 매우 흥미롭다. 마치 이 세상에서 최고인 양 뽐내는 수컷 앞에서 암컷은 머리를 좌우로 끄덕이며 걷는다. 서로 같은 행동을 하면 짝으로 받아들인다는 의미다. 때로는 수컷을 쟁탈하기 위해 암컷들 사이에 싸움이 벌어진다. 짧은 팔을 마구 휘둘러대는 모습이 장난같이 보이지만 반드시 이겨야 하는 암컷들에게는 심각하다. 수컷은 처음부터 제 짝을 응원해 준다. 펭귄은 한번 부부 연을 맺으면 생을 다할 때까지 함께하는 특성이 있다고 한다. 어쩌면 당연한 일이겠지만 제짝 편을 들어주는 수컷에게 마음이 간다. 문득 그들의 지능이 궁금해졌다. 정을 나눌 줄 아는 심성이 사람과 다름없지 않은가.

혹한의 추위 속에서 알을 낳는 과정은 경이로움 그 자체다. 오랜 산고 끝에 가까스로 하얀 알 하나가 암컷의 몸 아래로 미끄러지듯 떨어지면 소중한 보물처럼 부드러운 털 속에 재빨리 감춘다. 보호막 역할을 해주는 짤막한 꼬리도 얼른 내린다. 자칫 잘못하여 휘몰아치는 눈보라에 노출되기라도 하면 얼어버리기 십상이니 체온으로 막아야 한다.

기쁨을 누릴 수 있는 시간도 잠시. 상상하기 어려운 낮은 기온에서 수컷에게 알을 전해야 하는 매우 어려운 과업이 남아 있다. 순간의 부주의로 노출되면 그들의 분신을 잃어버릴 수도 있다. 그들은 마치 우주라는 제단 위에 새 생명을 위한 성스런 의식을 행하는 것 같다. 부부는 마주보고 머리를 깊숙이 숙인 채 소중한 생명 보호를 위해 두 손을 모은다. 염원은 단 하나. "이 알이 무사히 수컷에게 전달되게

해 주소서." 행여 잘못될까 노심초사하는 암컷의 모습이 역력하다. 수컷은 인내하며 암컷의 결정을 조용히 기다린다. 망설이는 암컷을 안심시키기 위해 따뜻한 주머니도 보여주며. 얼마의 시간이 흘렀을까. 고심 끝에 결심한 듯 재빨리 알을 건넨다. 수컷은 털이 가장 많은 따뜻한 몸속 깊이 숨긴다.

암컷은 기력이 동났지만 먹이를 구하기 위해 다시 바다로 향한다. 집어삼킬 듯이 달려오는 세찬 파도 속으로 몸을 던지는 저들의 용기는 도대체 어디서 솟아나는 것일까. 거친 파도에 몸이 휩쓸려 망망대해에 파묻힐지언정 두려움과 공포를 찾아볼 수 없다. 오직 먹이를 찾기 위해 팔 다리를 휘저을 뿐이다. 죽음을 무릅쓴 어미의 자식 사랑은 휘몰아치는 거친 파도도 작아 보인다. 남겨진 수컷들에게도 커다란 난관이 기다리고 있다. 소중한 알을 지켜야 하며 새끼가 부화한 후에도 추위와 맞서 키워야 한다. 암컷이 돌아올 때까지 아무것도 먹지 못한 채 새끼에게 먹이를 조금씩 내어준다. 몸집이 커가는 새끼가 더 달라 보채면 비상식량까지 토해내야 한다.

그들을 힘들게 하는 것은 식량뿐만이 아니다. 해빙의 추위와 사투를 벌여야 한다. 추위를 막기 위해 수컷들은 군집을 이룬다. 뭉치면 살고 흩어지면 죽음이다. 조금의 틈도 허용치 않도록 밀집한다. 그들이 조금씩 움직이는 것은 바깥쪽의 펭귄이 추워지면 안쪽의 펭귄과 자리를 바꾸기 위해서다. 마치 살아있는 하나의 거대한 물체가 물결치듯 서로의 위치를 바꾼다. 새끼를 보호하며 살아남을 수 있는 하나의 생존전략인 셈이다. 운이 나쁘면 이동하는 동안 다리 사이에 끼어 있던 새끼를 잃을 수도 있다. 아비 품에서 떨어져 나간 연약한 새끼는 혹한을 견딜 재간이 없다. 금세 얼음 덩어리로 변한다. 혹시나 하는 실낱같은 희망에 새끼를 끌어안고 입을 맞춰보지만 소용없는 일인 것을 어이하랴. 새끼 곁을 떠나지 못하고 울부짖는 아비의 절규를 차마 들을 수가 없다.

살아남은 새끼는 부모의 극진한 보살핌으로 조금씩 자라나 털갈이를 하고 성체가 된다. 독립할 때가 온 것이다. 어미는 마지막으로 정성 들여 새끼 입에 먹이를 넣어준다. 그리곤 조용히 돌아선다. 특별한 인사 한마디 없이. 한번 떠난 어미는 새끼에게 결코 다시 돌아오지 않을 것이다. 그들은 이 엄청난 사실을 전혀 눈치채지 못하고 먹이만 받아먹을 뿐이다.

새끼들은 이제 스스로 홀로 서야 한다. 무서운 파도가 넘실대는 깊은 바다로 두려움 없이 떨어질 줄 알아야 한다. 그 공포를 뛰어넘어야 어른이 될 수 있다. 그리고 수많은 난관을 극복하며 알을 낳고 새끼를 키워야 하리라. 그들 부모가 그러했던 것처럼.

해빙은 고귀한 생명의 탄생이 이어지는 성지이다. 숭고한 희생정신이 깃들어 있고 전설 같은 사랑이 피어나는 아름다운 곳이다. 삶의 경전이다.

자물쇠와 열쇠

우리 가슴에 자물쇠 방과 열쇠 방이 따로 있는 것 같다. 감정의 씨줄과 날줄의 지각변동에 의해 마음이 닫히면 자물쇠가 되고, 그 닫힌 마음을 열 수 있는 열쇠가 될 수도 있다. 마음먹기에 따라 달라진다. 하나만 가지고 있다면 우리 마음은 영원히 열 수 없을 것이다.

한때 사진 찍기에 몰두한 적이 있다. 대단한 작품을 만들기 위한 것이라기보다 단순한 취미 활동이었다. 꽃과 나무 노을과 별 등 사람보다는 자연의 풍경을 주로 담았다. 꽃을 가까이서 바라보는 접사 촬영을 좋아하였다. 사물이나 상황에서 어떤 이야기가 들려오면 그 순간을 포착하였다. 나만의 앵글 안에 다른 세계를 들여다보는 즐거움이 솔바람처럼 따라다녔다.

어느 날부턴가 대문마다 달려 있는 자물쇠에 포커스를 맞추기 시작했다. 인간의 마음을 닮았다는 생각이 들어 관심을 기울이게 되었다.

자물쇠

세상의 문은 각양각색이다. 사람들 마음만큼이나 다양하다. 성처럼 굳게 닫혀 있는 높고 커다란 문은 대부분 커다란 자물쇠로 굳게 닫혀져 있다. 감히 안쪽을 바라보지 말라는 무언의 메시지로 읽혀진다. 육중한 문에서는 아름다운 왕자나 공주의 옛이야기와는 거리가 먼 무거운 침묵이 흐른다.

그와 달리 고샅을 지나다 보면 대부분의 대문이 빼꼼이 열려 있다. 가던 길 멈추고 살짝 들여다본다. 조그마한 정원에 있는 이쁜 꽃들이 먼저 인사를 건넨다. 마루 아래 놓인 신발들로 어르신들이 사는지, 젊은이들의 집인지, 가족이 단출한지를 금방 짐작할 수 있다.

"이런 곳에 찍을게 무에 있다고 예까지 찾아오는 거유."

하회탈 같은 웃음을 보내며 말을 거는 할아버지와 마주치기도 한다.

"사진이고 뭐고 들어와 차나 한잔하고 가슈. 급할 게 메 있노."

라며 건네는 할머니의 정겨운 말씀 한마디에 마음의 빗장이 열린다.

경계를 풀고 잠시 그분들 곁에서 느긋하고 편안하게 담소를 나누다 오기도 한다.

빨강 · 노랑 · 파랑을 칠한 화려한 원색의 대문도 종종 눈에 띈다. 오래된 문에 새 옷을 입혔다. 그 안에 사는 사람들의 마음도 환할 것 같다는 생각이 들었다. 나무로 만든 대문이 오래되어 회색으로 변한 옛집도 가끔 만난다. 빗장도 나무로 되어 있다. 마치 요철의 원리 같다.

여러 모습의 대문엔 대부분 각기 다른 자물쇠가 걸린 채 거의 굳게 닫혀 있었다. 그 닫힌 문 앞에서는 마음의 경계境界나 벽이 저절로 생긴다. 어린 시절의 고향에는 대문을 활짝 열어놓고 살았었다. 그래서 이웃과도 가족처럼 스스럼없이 왕래하며 지냈다. 작금의 시대에 성냥갑 같은 아파트에는 가족들만 알고 있는 고유의 잠금 장치가 있다. 언제부터인지 모르지만 우리 삶은 문을 닫아걸고 살아가고 있었다. 그래서 마음도 쉽사리 열지 못하고 사는 것은 아닌지 모르겠다.

대문은 안과 밖의 세계를 연결해 주는 하나의 경계다. 문 하나 사이에 두 개의 서로 다른 세계가 공존하고 있어서 그 두 경계를 허물 수 있는 것은 비밀장치가 들어 있는 열쇠다.

열쇠

고등학교 때 결석을 자주 하는 친구가 있었다. 어쩌다 출석하는 날이면 교과서가 아닌 다른 책을 읽으며 혼자 지내다 가곤 했다. 말이 없어 친구들도 그 아이에게 가까이 가거나 말을 거는 일이 드물었다. 나는 그 친구가 계속 혼자 지내면 안 될 것 같다는 생각으로 조금씩 다가갔다. 무슨 책을 읽는지 결석은 왜 했는지를 묻기 시작했다. 다행히 그녀는 천천히 마음을 열어주었다.

햇살이 눈부신 어느 가을날 옥상에서 아주 많은 이야기를 나누었다. 그녀는 우리 나이보다 위였다. 그래서 더 반 친구들과 어울리지 않았는지도 모르겠다. 더구나 복잡한 가족관계로 인한 상처 때문에 세상을 보는 마음이 닫혀 있었다. 얼마만큼 그 친구를 이해할 수 있었는지는 모르겠다. 읽던 책을 서로 빌려주고 빌려 읽으며 지냈다. 그 친구의 결석도 줄어들었다. 좀체 웃지 않았던 친구가 웃으며 말을 걸어왔다.

열쇠는 우리 삶에 만들어진 경계를 허물 수 있는 유일한 도구다. 너와 나의 관계에서도 마찬가지이다. 어떤 오해로 마음의 문이 닫히면 더 이상 가까이 다가가기 힘들어진다. 마음의 자물쇠가 잠기면 커다란 벽이 생기기 때문이다.

상대방의 마음을 열 수 있는 유일한 방법은 먼저 내 마음의 빗장을 열고 다가가는 것이 아닐까. 사람의 마음을 열 수 있는 것은 가슴에서 나오는 따스한 사랑과 관심의 빛이리니. 〈해와 바람〉이라는 동화에서 할아버지의 모자를 벗길 수 있는 것도 따뜻한 햇볕이 아니던가.

여행 가방에 설정해 둔 비밀번호를 잊어 난감한 적이 있다. 오랜 시간 사용하지 않아 생긴 탈이다. 너무 오래도록 멀리 있으면 가까웠던 사람의 마음조차 읽을 수 없을지도 모른다. 마음의 빗장을 열고 먼저 다가가자. 성문처럼 굳게 닫히기 전에.

문득 우리 삶에 타인의 가슴을 열 수 있는 사랑의 만능키가 필요하다는 생각을 해본다. 따스한 사랑이라는 열쇠라야만 잠겨 있는 마음을 열 수 있을지니.

상상력 창고 셋

나의 상상력 창고는 주로 산책할 때 문을 연다. 그곳에는 지워지지 않는 과거 히스토리, 알 수 없는 미래 미스터리, 늘 선물 같은 날이 되기를 바라는 현재 프레젠트가 공존한다. 그 거대한 창고에서는 늘 알 수 없는 생각들이 넘나든다.

상상력 창고 하나: 히스토리

초등학교 저학년 때일 것이다. 국어 교과서에 〈개와 고양이〉라는 이야기에 파란 구슬이 등장한다. 알라딘의 요술램프처럼 마술을 부릴 수 있는 구슬은 내 어린 마음을 온통 빼앗고 말았다. 아니 내 영혼을 훔쳐 갔다. 그 후 그 파란 구슬은 내 가슴에 살기 시작했다. 더없이 행복했다.

나에게 이뤄질 수 없는 소망은 없었다. 쪼그만 파란색 구슬이 그렇게 해주었다. 갖고 싶은 것은 모두 가질 수 있었다. 하늘을 날게 해주었고 별들도 따주었다. 현실과 상상의 울타리는 애초에 존재하지 않은 것처럼. 그 파란 구슬은 고등학교 때까지 나와 함께 살았던 것 같다. 그 시절에 현실과 꿈은 다른 것이 아니었다. 꿈속의 그림 속에서 살았고 현실은 오히려 나의 삶이 아니라고 생각했던 순간도 있었던 것 같다.

상상력 창고 둘: 미스터리

뿌연 안개 속 같은 미래를 맞이한다. 시간의 마차는 쉬지 않고 미래라는 나라로 달려간다. 예측할 수 없는 시공으로 우리를 밀어 넣는다. 우리의 의지로 바로 지금 이후의 세계에 발을 들여놓는 것이 아니다. 우리는 흘러가는 물 위에 종이배처럼 시간 속에 미끄러져 미래를 맞이하고 있다.

그래서 미래는 상상력의 두 방이 있다. 하나는 우리가 꿈꾸는 상상 속의 나라이고 또 하나는 시간이 데려다 주는 알 수 없는 미래의 세계이다. 미래 자체가 상상력의 나라이다. 그래서 나는 현실에서 꿈을 꾼다. 예측할 수 없는 미래에 다른 세상이 있을 거라는. 잉어도 가끔 다른 세상을 꿈꾸는 것 같다. 물속에서 살아야 하는 운명임에도 불구하고 하늘 향해 뛰어오른다. 수면을 박차고 용솟음친다. 지구 밖으로 점프하여 우주로 날아가고 싶어 하는 사람처럼.

누구나 꿈꿀 권리가 있다. 꿈이 있기에 우리 인간의 삶도 다른 생을 맞이할 수 있는 것이리라. 호기심 가득한 상상력으로 인류의 역사가 기적처럼 변화되는 것과 같이 말이다.

상상력 창고 셋: 프레젠트

보이지 않는 것은 신비롭다. 사랑의 실체는 보이지 않는다. 믿음도 그렇다. 그러나 사랑은 우리 곁에 공기처럼 가득하다. 보이지 않지만 인간의 가슴속에 사랑이 숨 쉬고 있음을 우리는 믿고 있다. 사랑으로 가득한 마음에 새들의 노래가 들려오면 새들의 지저귐 대로 음표가 그려진다. 나무를 보면 나무가 되고 꽃을 바라보면 꽃의 마음이 된다. 때론 머언 밤하늘에 반짝이는 별들의 친구가 될 수도 있다. 무지개를 보면 나만의 색깔로 그 옆에 그려지고 싶어진다. 시간은 다가와 자꾸 어른이 되라고 어른의 옷을 입혀주지만 나는 늘 어린 이처럼 살고 싶다.

믿음은 또 어떠한가. 사람들 사이에 성긴 곳을 메워준다. 서로

의지하고 이 세상이 살맛나는 곳이라는 기쁨에 젖게 한다. 사랑하는 마음에 믿음이 담겨 숨이 긴 인연으로 승화하는 것은 필연의 우주 법칙이리라.

새로 맞이하는 오늘은 선물과 같은 소중한 시간이다. 우리는 새롭게 준비된 세상에 매일 초대 받은 사람들이다. 때로는 길을 잃는다 해도 아름다운 상상의 나라에서 머물고 싶다. 상상은 행복을 가져다주는 마술 같은 힘이 스며 있으니….

상상력은 정서, 지성, 감각을 중심으로 여러 체험의 요소들을 종합하고 조직해서 새로운 초월적인 가치를 창조하는 능력이다. 칸트에 의하면 "상상력은 새로운 가치를 창조하는 능력일 뿐 아니라 인식에 있어서도 필수불가결한 요소이다. 상상력은 인간 정신활동의 원천이며 무한한 감성을 창출하는 힘이다."라고 했다.

상상력으로 건설한 나만의 상상력 창고에서 꿈을 꾼다. 나 아닌 나를, 아니 내가 제일 잘 아는 나를 그릴 수 있기를. 나라는 작은 공간에 이 세상의 거대한 우주를 담아 놓는다. 그 안에 길을 내고 이정표를 달아서 세상을 향한 여행에 나선다. 지구 저 너머 우주의 끝까지 날아가 본다. 그 시간에 홀로 있음이 좋다. 그 낯섬이 내겐 익숙하다. 내가 그 순간 안에 머물고 있다는 것은 다름 아닌 존재하고 있다는 것을 의미하기 때문이다.

수억 광년이나 걸려야 지구에 다다를 수 있다는 별빛과도 눈을 마주칠 수 있다. 빛나는 별처럼 빛을 낼 수 없겠지만 작은 반딧불처럼 자유롭게 날갯짓 해본다. 보이지 않는 창살로 나를 묶어 놓는 많은 것들로부터의 탈출이다. 베르나르 베르베르가 《상상력 사전》을 만든 것은 아마도 한순간일지라도 그만의 꿈을 꾸고 싶어서였을 것으로 짐작한다.

마음에 자유라는 날개를 달아본다. 일상이라는 옷을 벗어 상상력의 옷으로 갈아입고 날아보는 시간이다. 짧은 순간이나마 자유로운 영혼으로 존재하는 것이다. 아무것도 걸치지 않은 가벼움으로 머물고 싶다.

현실이라는 울타리 안에서 잠시 높이뛰기를 해본다. 상상은 나의 삶의 즐거움, 다가올 미래의 꿈 한 조각.

그대여, 나의 꿈을 깨지 말아다오.

다시 찾은 손전화

얼마나 기다렸던가, 이 순간을. 활주로를 따라 천천히 움직이던 비행기는 전속력으로 돌진하기 시작했다. 이륙하는 순간 비행기는 한 마리 나비가 된다. 내 기분도 덩달아 날개를 편다. 아, 하늘을 나는 이 기분. 새로운 시간을 향해 나는 날아가고 있다. 두려움이 아닌 짜릿한 전율이 몰려온다.

육지의 바다와 산, 여러 길들이 작은 지도처럼 나타났다가는 이내 사라졌다. 저 작은 지도 안에서 우리는 아웅다웅 살아가고 있는 것인가. 인간의 삶은 지구촌에서 각기 다른 풍경을 만들어 가며 사는 것이라는 생각을 잠시 해본다.

나리타 공항에 도착하니 해가 뉘엿뉘엿 지고 있었다. 우선 숙소가 있는 도쿄의 시부야행 열차를 알아보았다. 간단치 않은 과정들이 기다리고 있었지만 이 또한 여행길에서 감수해야 할 몫이 아닌가. 기차표를 사는 곳부터 몇 시 차를 어디서 타야 하는지, 시간은 얼마나 걸리는지 일일이 물어야 했다. 일본어가 서툴러 잠자고 있던 영어를 꿰맞추며 마침내 고속전철에 올랐다. 창밖엔 이미 어둠이 짙게 깔렸다. 낯선 이방인들을 반갑게 맞이하는 듯 간혹 스치는 불빛들만 별처럼 반짝인다.

이번 일본행은 갑자기 이뤄진 여행길이다. 딸과 딸 친구가 아시아 피아노 콩쿠르에 참여하게 되어 예정에 없던 특별 여행을 하게 되었다. 딸 친구의 엄마와 친구의 동생은 피곤했는지 의자에 깊숙이 앉아 잠을 청한다. 옆자리에서 손전화를 만지작거리던 딸도 전화기를 창틀에 올려놓곤 눈을 감고 등받이에 기댄다.

얼마쯤 지났을까. 우리가 내려야 할 역이라는 안내 방송이 들려왔다. 서로를 깨우며 캐리어를 끌고 서둘러 내릴 채비를 하여 출입구로 향했다. 플랫폼에 내리자 차가운 밤바람이 먼저 볼에 와 닿는다. 일본의 밤은 낯설었다. 개찰구를 빠져나오자마자 젊은 친구들은 맛집을 찾아간다며 손전화를 들고 지도를 찾고 있었다. 그때였다. 가방에 손을 넣고 뒤적이던 딸의 안색이 창백해졌다. 손전화가 없다고 했다. 급히 내리는 바람에 창틀에 고이 올려놓았던 손전화를 잊은 채 내린 것이다. 열차의 바퀴 소리는 이미 저만치 멀어지고 있었다.

갑자기 머릿속이 하얗게 비어진다. 멘탈 붕괴란 이런 상태인가. 더구나 나의 손전화는 기내 반입이 허용되지 않는 모델이라 집에 두고 온 상태이니 난감하기 그지없다. 조금 정신이 들었을 때 딸은 친구의 손전화를 빌려 전화를 했다. 혹시나 하는 희망을 간절히 갈구하는 눈빛들이 한데 모였다. 신호음이 가는 동안 시간은 왜 그리 길게 느껴지는지. 가슴이 쿵쾅거렸다. 일행 모두는 귀를 쫑긋 세우며 간절히 염원했다. 누구라도 전화를 받아 주었으면…. 정적 속에 신호음만이 길게 울리고 있었다. 그때, "여보세요!" 전화기 저편에서 우리말이 들려왔다. 한국 남자였다. 너무나 반가웠다. 일행들 모두 안도의 숨을 쉬며 잠시 긴장을 풀었다. 통화상태가 좋지 않아 긴 대화는 나누기 어려웠지만 그는 일본 대학원에 시험을 보러오는 길이라고 했다. 지금 당장 손전화를 찾고 싶은 마음을 전했으나 오늘은 너무 늦었으니 내일 그가 묵는 숙소 근처 역까지 오면 드리겠다며 전화를 끊었다.

정말 손전화를 돌려받을 수 있을까. 통화는 했지만 걱정이 사라지지 않았다. 일행과 저녁을 먹으면서도 잠을 청하면서도 마음이 편치 않다. 말이 없는 딸의 마음은 오죽하랴. 시간이 화살처럼 달려 내일이 빨리 오기만을 기다렸다. 잠은 자는 둥 마는 둥 여행 첫날 밤을 그렇게 보냈다.

다음 날 아침. 딸과 함께 일찍 서둘러 약속 장소로 향하는 전철에 몸을 실었다. 우리 마음과 달리 전철 안은 따스하고 평온했다. 사람들의 옷차림은 대체로 검소해 보이고 표정들은 안온했다. 손전화를 보는 사람들도 드물 뿐 아니라 큰 소리로 전화를 하는 사람들이 없다.

창밖에 스치는 일본의 마을 정경도 평화로워 보인다. 높은 빌딩도 거의 보이지 않았다. 대부분 나지막한 지붕들로 된 단층집들이 옹기종기 모여 있다. 정겨웠다. 작은 집에서 사는 사람들의 이야기들이 새어나오는 듯하다. 세상 어디든 터를 잡아 집을 짓고 사는 사람들의 희로애락은 유사할 것이라는 느낌이 들었다.

이런저런 풍광을 바라보다 보니 어느새 약속한 역에 이르렀다. 낯선 역을 두리번거리며 그가 알려준 대로 검정 코트에 회색 가방을 멘 청년을 찾았다. 어인 일일까. 약속 시간이 지나도 그는 나타나지 않았다. 분명히 이 역이라 했는데…. 잘못 찾아온 것은 아닐까. 바람이 부는 겨울날씨 탓도 있지만 조바심 가득한 몸과 마음이 얼어갔다. 불안함이 가득 몰려올 때쯤이다. 키가 큰 한 남성이 우리를 향해 미소를 머금고 성큼성큼 다가오는 모습이 시야에 들어왔다. 문제의 손전화를 들고서. 마치 알고 있었던 사람을 만나듯 우리도 반가운 나머지 그를 향해 뛰어갔다. 가까이 가서 보니 이에 보철을 한 수줍음이 많은 학생이었다. 늦어서 미안하다며 서먹해 하는 그는 순한 인상이었다. 먼저 손전화부터 건네준다. 그제야 딸의 얼굴이

환해진다.

"어제 저는 뒷자리에 앉아 있었어요. 기차가 출발한 후 아무도 없는 앞자리에서 휴대폰 진동이 계속 울리고 있어 받았지요."

"정말 감사합니다."

너무나 고마운 나머지 준비한 사례금을 주려 하니 손사래를 쳤다. 우리는 시험을 앞둔 그에게 잘 치르고 돌아가기를 바라며 고마운 마음을 전하고 또 전했다. 부산에 산다고 하여 혹시 서울 오는 기회가 있으면 연락하라는 약속도 남겼다. 모르는 사람인데도 자기의 소중한 시간을 내어 주었다. 더구나 시험을 앞두고 있으면서도 손전화를 돌려주기 위해 달려온 그가 이루 말할 수 없이 고마웠다.

돌아오는 마음이 왜 그리도 훈훈한지. 세상이 온통 따스한 빛으로 가득했다. 이국에 와 분실한 손전화를 찾는다는 것은 거의 기적과 같은 일이다. 잃어버린 물건을 한국인에게 돌려받았다는 일 자체가 여간한 행운이 아닌 것처럼 여겨졌다. 낯선 곳에 와 움츠렸던 마음이 펴지고 넓어져 간다. 세상을, 인간을 바라보는 마음의 여백이 성글고 관대해진다. 그 후 우리는 여행지를 떠날 때마다 "손전화 챙겼어?"라는 말을 습관처럼 나누었다. 그래서 더 많은 이야기와 웃음을 나누었다.

여행길은 언제나 예상치 못한 낯섦과의 만남이다. 한 치 앞을 알 수 없는 우리네 인생처럼 말이다. 일본에 처음 온 딸이 입국신고

식을 톡톡히 치른 셈이다. 손전화를 찾아서인지 갑자기 허기가 몰려온다. 우리는 하얀 모자를 쓴 셰프가 만들어준 스시를 정말 맛있게 먹었다. 그동안의 걱정이 사라져서일까. "오이시 데스네."를 연발하며 여유롭고 즐거운 식사를 했다. 섬의 나라에 와 제일 맛있었던 식사로 엄지를 들 만큼. 여행은 이제부터 시작이다.

미지의 시간을 향하여, 출발!

아름다운 삶을 위한 사랑의 노래

글을 읽는 동안은 기쁨과 행복 그리고 평온을 느낄 수 있다. 더 바랄 것이 무엇 있겠나. 선인들이 일러주는 현명한 이야기들을 마음에 담는 시간이다. 조용히 내가 이 세상에 존재하는 의미를 되새겨 보고 삶에 가치를 부여하며 희망 가득한 미래를 꿈꾸어 본다.

"삶이란 사랑하는 법을 배우기 위해 주어진 얼마간의 자유시간이다."라고 프랑스의 아베 피에르 신부는 말했다. 이제 내게 남아 있는 소중한 시간을 값지게 보내고 싶다.

아침을 맞을 때마다 내 마음은 언제나 설렘으로 가득하다. 오늘은 어떤 모습으로 나를 초대해 주려나. 숲은 아니 거대한 자연은 내게 언제나 새로운 날을 선물한다. 하얀 원고지 앞에 앉아 새로운 꿈을 꾼다. 나의 글 속에는 네 계절의 오묘한 변화가 말할 수 없이 아름다운 표정으로 담겨 있으면 좋겠다. 그 속에는 비발디의 사계를 닮은 노래들이 끊임없이 연주되었으면 좋겠다.

이른 봄, 새들은 자연의 정령들을 깨우기에 바쁘다. 겨우내 얼어붙었던 대지와 나무들에게 봄이 왔노라고 목청껏 소리 높이 외친다. 참새 · 곤줄박이 · 비둘기 · 까치 · 제비 등등 이름 모를 크고 작은 새들이 천상의 음률처럼 지저귄다. 맑고 고운 노래와 따스한 햇살에 꽁꽁 얼어붙었던 봇도랑의 얼음도 스르르 녹는다. 긴 겨울 침묵했던 봄소식을 전해주려는 듯 봄의 왈츠가 연주된다.

거친 나뭇결에서 파릇파릇 돋아나는 여린 새싹들을 바라보면 위대한 자연이 보이지 않게 움직여 가는 신비한 힘을 느낀다. 고목에서 솟아나는 저 힘찬 생명력은 어디서 오는가. 새싹을 내기까지 나목은 휘몰아치는 눈보라도 묵묵히 견디며 찬란한 그날을 꿈꾸어 왔으리라. 새 생명들이 기운차게 솟아오르고 있다. 여기저기 전개하는 꽃들의 향연, 그 황홀함을 다 표현할 수 없는 것이 안타까울 뿐이다.

빛나는 초록이 물결치는 여름은 어떤 음색으로 노래하고 있을까. 때로는 천둥 번개와 함께 쏟아지는 소나기가 대지를 뚫을 듯하다. 사람들의 가슴을 쿵쿵 울리는 크나큰 진실을 전해 받고 싶다. 아다지오에서 알레그레로 몰아치는 비와 바람 소리에 리듬을 넣어보자. 한바탕 폭풍이 지나간 자리처럼 다시 돌아온 침묵 속에서 화두를 던져주는 글이 되기를 꿈꾸어 본다. 그 의미를 전하려면 용광로같이 활활 타오르는 태양 같은 뜨거운 가슴을 지녀야 하리라.

낙엽이 우수수 떨어지는 가을이 되면 누군가에게 편지를 띄우고 싶어진다. 고운 단풍들의 춤추는 소리가 온 세상에 퍼져 가는 모습들을. 바람 따라 갈잎의 노래가 들려온다. 푸르렀던 젊은 시절엔 꿈과 낭만이 가득했다고. 하지만 갈색으로 변하여 떨어지는 낙엽에도 꿈이 있어 아름답다. 겨울을 맞이하는 산등성이의 이불이 되어주고 새 생명이 돋아날 나무의 밑거름이 되기 위해 흙으로 돌아간다. 윤회를 받아들이고 다음 생을 위해 기꺼이 자신의 한 삶을 소멸시킨다. 풍요로운 미래를 위한 섭리의 길이다.

수많은 소리를 침묵으로 담고 있는 동면의 시간. 빈 나뭇가지만 남아서 서걱이는 나무들을 바라본다. 두 팔 벌리고 서 있는 모습에 그 어떤 추위와 눈보라도 견딜 수 있다는 강인함이 서려 있다. 우듬지마다 아무도 모를 소망 하나씩 걸어 두고 새 봄을 기다린다. 하얀 눈 소복이 쌓이는 긴 밤을 지새우며 내 마음을 그리고 싶은 꿈도 살며시 걸어둔다. 새 희망 가득한 봄소식을 기다리며.

자연의 풍광은 늘 내 마음을 설레게 하고 풍요롭게 해준다. 먼 곳에서 들려오는 별들의 이야기, 언제나 포근한 미소를 보내주는 달님의 미소, 저 산 너머 아름다운 빛을 뿜어대는 황금빛 노을, 파아란 하늘과 초록빛 바다, 그리고 귓가에 바람 소리들이 들려올 때마다 내 가슴은 벅차오른다. 이 세상의 모든 언어로도 다 표현할 수 없는 그 영원한 아름다움들 가슴에 새겨둔다.

삶의 한 가운데에서 꿈을 쫓던 시절에는 사계 보다는 현실이 앞에 있었다. 먼 길 돌아와 선 이곳에서 가슴에 가득한 열정을 조금씩 펼쳐 본다. 뜨거운 태양 아래서 열매가 익어가듯 내 가슴속 언어들이 여물어 가기를 바란다. 그 말들이 꿰어져 진주가 될 수 있기를 바라며.

이 모든 바람들은 바람일 뿐. 어찌 내 마음의 음표들을 짧은 필력으로 모두 다 표현할 수 있으리. 글쓰기는 어쩌면 늘 멀리서 바라보아야 하는 짝사랑일지도 모른다. 꼭 전하고 싶은 한 줄의 연서를 위해 온 밤을 지새우는 것처럼. 어느 순간 어떤 대상에 마음이 동하면 바람처럼 날아다니는 언어들을 잡으려 혼신의 힘을 다한다. 하지만 한없이 깊고 넓은 언어의 집은 멀기만 하다.

그래도 꿈을 꾸어야 하리. 사위어가는 마음을 보듬기 위해 자연의 이치를 깨달으며 아름다운 삶을 위한 사랑의 노래를 부르고 싶다. 덧없는 인생에 한줄기 따스한 빛이 깃들고 기쁨으로 충만할 수 있는 시간이 주어진다는 것 자체가 얼마나 다행스러운 일인가. 기꺼이 그 길 위에 서서 나를 잃어버려도 마다하지 않으리.

새 봄이 온다. 소녀처럼 꿈을 꾼다. 이 우주에 잠시 머물다 가는 작은 나만의 집에도 우주의 의미 있는 언어들이 가득하기를.

달팽이처럼

어디로 가고 있는 것일까. 비 갠 오후 나뭇잎과 풀잎에 붙어 있는 달팽이들을 종종 보게 된다. 가끔은 길 위로 기어 다니는 달팽이와 마주치기도 한다.

"속살을 다 드러내고 어디로 가는 거니?"

"내게는 가야 할 곳이 있어."

"그곳은 어디니?"

달팽이는 제 집을 이고 제 살을 내밀어 온몸으로 움직여 간다. 머리 위에 더듬이를 세우고 말없이 조금씩 앞으로 나아간다. 손으로 만지면 부서질 것만 같아 눈으로 바라본다. 달팽이들은 어디서 오는 것일까. 그들이 사는 모습이 궁금했다.

어린 시절 움직이는 모습이 신기해 손바닥 위에 올려놓고 바라보곤 했다. 추억을 떠올리며 플라스틱 통에 몇 마리를 담아 왔다. 우선 수분이 있는 환경이 필요할 것 같아 젖은 흙을 마련해 주었다. 나뭇잎과 배춧잎도 넣었다. 처음엔 낯선 곳에 와서인지 머리를 패각 안으로 집어넣은 채 꼼짝하지 않았다. 얼마의 시간이 흐르자 더듬이와 속살을 내밀며 조금씩 움직이기 시작했다.

아침에 눈을 뜨면 달팽이에게 다가간다. 작은 통 안의 세계를 바라보는 즐거움이 나날이 커갔다. 얇은 껍데기 안에서 밀려나오는 부드러운 살이 때로는 엄청난 크기로 변하여 놀라웠다. 더듬이들이 보내주는 메시지를 읽어보려 촉을 세운다. 여리디여린 살과 그 살을 덮고 있는 껍데기만으로 한 생명이 존재할 수 있다는 것이 신기하기만 하다.

달팽이는 종류가 다양하여 우리나라에는 참달팽이 · 왼돌이달팽이 · 배꼽달팽이 · 각시달팽이 등 삼십여 종이 있다고 한다. 머리부터 발과 눈 · 코 · 입 · 생식기를 비롯하여 내장들을 두루 갖추고 있는 초식성 연체동물이다. 떨어지지 않고 어디든 매달려 이동할 수 있는 것은 몸에서 점액이 분비되기 때문이다. 잘살아 갈 수 있는 그들만의 자구책이다.

얄팍한 껍데기인 패각 표면엔 가느다란 줄무늬도 그려져 있다. 신의 섭리일까. 우주의 오묘한 신비는 참으로 경이롭다. 그 어떤 과학의 힘으로 이렇게 보드라운 생명체를 탄생시킬 수 있을 것인가. 인위적으로 만들어질 수 없는 자연의 경이로움 앞에 경건해질 뿐이다.

어느 날 무심히 달팽이를 바라보다 문득 미안한 생각이 들었다. 내 욕심만으로 달팽이가 가야 할 길을 멈추게 한 것 같아서다. 한동안 활발하게 움직이던 달팽이들의 몸짓도 둔해졌다. 달팽이에겐 자연에서 살아야 하는 달팽이만의 삶의 길이 있을 것이다. 꿈 찾아 어딘가 향하던 시간을 단절시킨 것은 아닌지. 그동안 좁은 테두리 안에서 자유를 빼앗긴 생활을 한 것은 아닌지. 새장 속의 새처럼 자신의 삶을 펼쳐나가기엔 플라스틱 집 안이 너무 좁았을 것이다. 그간의 정든 마음은 뒤로하고 화단에 놓아주기로 했다.

"이제 넓은 세상을 향하여 다시 출발하렴.

네 꿈을 위한 길로 가기 바란다."

달팽이는 느릿느릿 기어가지만 결코 느리지 않다. 달팽이에겐 세상이 좁을 만큼 먼 곳까지 갈 수 있는 인내와 끈기가 있다. 장애물을 만나면 돌아서 갈 줄도 안다. 우직한 달팽이의 모습에서 많은 것을 깨닫는다. 비록 먼 길이 되겠지만 달팽이는 꿈을 이고 간다. 느린 배밀이로 쉼 없이 움직이며….

바닷길로 지구 한바퀴를 돌아온 남자가 있다. 그는 요트 위에 반쯤 누워서 웃고 있었다. 맨발이었지만 행복해 보였다. 이백십 일 동안 바다 위에서 살았다고 한다. 그에게 관심이 갔던 것은 다름 아닌 요트에 씌어 있는 문구 때문이었다. 그의 요트 이름은 '아라파니(ARAPANI)'다.

아라파니는 바다의 순우리말 '아라'와 달팽이의 순우리말 '파니'를 합쳐 지은 이름으로 '바다달팽이'란 뜻이다. '불가능하다'라는 말 대신에 "달팽이가 바다를 건너다닌다."라고 표현한다. 요트에 새겨 놓은 것처럼 어쩌면 불가능을 가능하게 할 수 있다는 그 믿음으로 생명을 잃을 수도 있는 거친 바다 위에서 항해를 계속할 수 있었으리라. 비바람 몰아치는 거친 들도 마다 않고 전진하는 달팽이처럼. 오른편에는 '희망항해(Sailing with Hope)'라는 글귀도 붙였다. 희망을 안고 살아가는 것이 그의 꿈이었는지 모른다.

불가능하다고 생각했던 오랜 항해를 마치고 돌아온 그는 말한다.

"바다에는 길이 없습니다. 길은 내가 만들어 나가는 것이에요. 인생은 끝없는 항해지요. 하루에 갈 수 있는 만큼 조금씩 행복을 즐기며 인생을 항해하세요."

인생은 어쩌면 각자의 꿈을 이루기 위한 여정일지도 모른다. 비록 느릴지언정 자신의 길을 찾아가는 꿋꿋한 달팽이의 여정을 통해 느림의 가치와 굳센 신념이 느껴진다. 더듬이 위에 꿈을 달고 느릿느릿 전진하는 달팽이의 행진에 박수를 보내고 싶다.

내 가슴에 담겨져 있는 이야기들을 그리며 살고 싶은 작은 소망이 하나 있다. 남아 있는 삶은 자연과 인간의 아름다운 풍경을 그리면서 살고 싶다. 마음속 따스한 사랑을 풀어가며 하루에 조금씩 행복한 행진을 하리라. 꿈을 꾸며 나아가리라.

느리지만 결코 멈추지 않는 달팽이처럼.

| 발문跋文 |

눈 위에 핀 산수유처럼

김상태(이화여대 명예교수)

박선숙 씨가 수필집을 출간한다는 말을 들었을 때 내 일처럼 기뻤다. 그간에 수필에 대한 꾸준한 노력과 애정이 드디어 결실을 맺기 시작하는구나 하는 생각이 들었기 때문이다. 이화여대 평생교육원에서 수필 강좌를 시작한 지 이미 십사오 년이 되어 간다. 그간에 등단한 분들은 20여 명에 가깝지만 수필집을 출간한 분은 단 세 분에 불과했다. 수필가로서 입지를 세웠으면 자기 수필집을 출간하는 것이 한 작은 꿈이라고 할 수 있다. 이번 박선숙 씨의 수필집 출간을 계기로 앞으로 많은 문우들이 뒤를 따라 수필집을 출간할 것으로 예상한다.

박선숙 씨의 《눈 위에 핀 산수유》는 원석문학회에서 네 번째 갖는 수필집 출간의 경사이지만 그 의미는 어느 때보다 크다. 출간할 때마다 자기 일 못지않게 문우들이 기뻐했지만 이번 경우는 특별한 의미를 지니고 있기 때문이다. 좋은 작품이 많이 수록되어 있어서도 그러하지만, 수필을 함께 공부하고 있는 문우들에게도 큰 자극이 되리라고 생각된다.

박선숙 씨는 나의 수필 수강생 중에 굳이 말한다면 2세대에 해당한다. 1세대는 연령층이 비교적 높고 열정은 갖고 있었지만 글쓰기의 기초가 튼튼하지 못했던 것이 사실이었다. 그래서 글쓰기부터 익히면서 수필 공부를 시작했으니 그 진도가 늦을 수밖에 없었다. 생활에 바빠 수필 창작에 전념할 수 없었던 것도 그 원인의 하나일 것이다. 그 오랜 세월 동안 겨우 세권의 수필집밖에 출간할 수 없었던 것이 그 점을 잘 말해 준다. 이제 이 분들의 수필집도 계속 출간되리라 생각된다. 박선숙 씨의 수필집 출간을 계기로 제2세대 작가들의 열망도 새롭게 열릴 것이라고 기대된다.

그간에 우리 수필 교실에서 박선숙 씨는 좋은 수필을 써서 주목을 받기도 했지만 수필 창작에 임하는 열의가 누구보다 높아 문우들의 기대를 받아온 것도 사실이다. 소재를 보는 예사롭지 않은 눈과 절제된 감정의 처리들이 독자의 감동을 불러오기에 충분하기 때문이다. 조용히 남의 이야기를 경청하면서도 그 내면에는 언제나 활활 타고 있는 열정을 담고 있는 것을 볼 수 있다. 때로는 문우들의 매서운 강평에도 겸손하게 받아들이는 그의 태도가 좋았다. 일주일에 한번이지만 같이 만나 서로의 수필을 읽고, 감상하면서 즐거워했던 그 세월의 결과물이라고 할 수 있다.

박선숙 씨의 수필집 《눈 위에 핀 산수유》 초고草稿를 읽으면서 나도 참 많이 감탄했다. 자연을 대하는 겸손 속에서도 인간을 깊이 있게 성찰하는 자기 반성이 담겨 있기 때문이다. 어디에 내어놓아도 부끄럽지 않은 수필들이 오롯이 모여 있다. 신선한 문체는 독자의 눈을 계속 끌어당기는 매력도 지니고 있다. 특히 자연과 예술을 보는 참신한 감각은 여느 수필가 못지않다는 점을 느낄 수 있다.

박선숙 씨는 대학에서 영문학 강의도 했다. 그러나 수필을 쓰면서 이전의 이력은 다 잊고 오로지 수필에 전념하는 것을 볼 수 있었다. 그 때문에 좋은 수필을 쓸 수 있었다고 생각된다. 물론 그 지적 토양이 내면에 축적되어 좋은 수필 쓰기의 기초가 되어 있은 셈이지만 평소 조용하고 겸손한 태도가 몸에 배어 있어서 수필가이기 이전에 인간으로서도 매력을 지닌 사람이다. 무엇보다 좋은 수필을 쓰겠다는 집념이 그의 마음속에 도사리고 있는 점이 아름답다. 자체 강평 중 문우들의 질책성 논평에도 겸손하게 받아들일 수 있는 여유를 가지고 있다. 무엇보다 작가는 작품으로 말한다는 것을 그는 알고 있기 때문일 것이다.

《눈 위에 핀 산수유》를 소재별로 나누어 보면 세 가지로 볼 수 있다.

자연을 보고 느끼면서 그 섭리를 찬탄하는 글, 예술 작품에 대한 이해와 감상, 그 깊은 의미를 음미하는 글, 그리고 일상생활에서 마주치는 사소한 일들을 의미 있게 되새겨 보는 글 등이다.

먼저 이 수필집 첫머리에 실려 있는 〈눈 위에 핀 산수유〉를 보자.

> 하루라도 빨리 봄소식을 전하고 싶어 버선발로 뛰어온 것일까. 가지마다 작은 꽃망울들이 몽글거리며 앉아 있다. 아직은 나뭇결 같은 색으로 단단하게 싸여 있지만 머지않아 봉오리들은 꽃잎을 열어 노오란 꽃을 활짝 피우리라.

산수유 꽃이 피기 전부터 꽃에 눈독을 들이고 있은 셈이다. "가지 끝에 봉긋하게 달려 있던 꽃봉오리들은 세 차례에 걸쳐 꽃이 핀다. 추운 겨울 꼭꼭 싸매고 있다가 닫힌 마음을 열듯 봄볕에 조금씩 봉오리를 연다."라고 적고 있다. 눈 위에 피어 있는 산수유 꽃의 신비를 예사롭지 않게 보았던 것이다.

> 밝은 태양이 아침을 열면 따스한 햇살은 고요한 정원에 살포시 내려앉는다. 이슬 머금은 꽃들이 촉촉한 미소를 보내온다. 내 마음은 행복의 기지개를 켜며 하루를 시작한다. 아름다운 이 순간을 위해 꽃들은 온밤을 지새우며 단장을 하였는가. 사랑하는 연인을 만나기 위해 거울 앞에 선 여인의 마음일까.
>
> – 내 마음의 정원

자연을 맞이하는 그의 마음이 차라리 "온밤을 지새우며 단장"하는 신부 같다고나 할까. 그는 가평의 숲 속에 산다. 자연을 몸과 마음으로 느끼며 살고 있는 셈이다. 〈봄이 오는 소리〉, 〈봄내 가득한 봄내(春川)〉, 〈매미의 노래〉, 〈청평사 가는 길〉, 〈가을 속으로 떠난 여행〉, 〈가을 들녘〉 등이 이에 속한다.

둘째, 예술에 대한 감각이 남달리 예민하다. 〈내 영혼에 새 숨을〉이란 작품은 덕수궁에서 있었던 국내 유명 화가들의 전시회를 돌아보고 쓴 작품이다.

> 나에게 가장 감동을 주었던 작품은 김환기의 〈어디서 무엇이 되어 다시 만나랴〉였다. … 중략 … 캔버스엔 단지 푸른색으로 된 점들이 들어 있는 작은 네모들만 빼곡히 그려져 있다. … 중략 … 시를 읽는 사람들이 가진 천 개의 마음 창처럼 그림을 보는 사람들 시각에 따라 의미가 달라질 수 있는 것이 예술작품이리라.

〈프리다 칼로의 예술과 사랑〉은 그의 말처럼 "한 전시회를 두 번 찾아간" 그의 그림에 깊숙이 빠져서 감상한 전시회다. "한 예술가의 고통은 예술로 승화되는 강력한 에너지가 된다." "육체의 상처보다 더 아픈 사랑도 목숨처럼 받아들였다."라고 그의 예술을 요약한다. 김영갑의 '오름' 사진전에도 깊은 감동으로 바라본 인상을 적고 있다. 그 외에 예술에 대해서도 깊은 애정을 담고 바라보고 있다.

일상생활에서도 평소 갖고 있는 그의 겸손한 태도처럼 매 작품마다 따뜻한 애정이 스며있다. 〈햇볕에 가난을 말리다〉라는 작품은 그 제목부터가 가난한 이웃에 대한 애정이 듬뿍 담긴 작품이라는 것을 암시한다. "마른 옷들을 걷어낸 후 가끔 그녀의 한가한 마음을 빨랫줄에 넌다. 눅눅한 아낙의 마음은 따사로운 햇살에 금세 뽀송뽀송해진다. 빈 빨랫줄엔 어느 틈에 날아온 바람과 새들도 걸터앉는다." 〈이삿날의 단상〉, 〈함박웃음〉, 〈유월의 뽕나무밭에서〉, 〈노란 고양이 가족〉, 〈불청객 갱년기〉, 〈아버지의 사랑〉, 〈아름다운 삶을 위한 사랑의 노래〉 등이 이에 속한다.

일상에서 흔히 겪고 보는 소재들을 예사롭게 보지 않고, 그 속에서 새로운 의미를 찾아내고 있다. 자신을 돌아보는 노력은 앞으로도 지속될 것으로 생각된다. 그의 끊임없는 관찰과 명상, 사물을 예사롭게 보지 않고 우리들의 삶과 연관 지어 새롭게 보는 태도야말로 수필가로서의 자질을 충분히 갖추고 있다. 앞으로 더 좋은 작품을 쓸 것을 기대하면서 박선숙 수필집 출간을 진심으로 축하한다.

박선숙 수필집

눈 위에 핀 산수유

인쇄 2017년 8월 03일
발행 2017년 8월 08일

지은이 박선숙
발행인 서정환
펴낸곳 수필과비평사
주소 서울시 종로구 삼일대로 32길 36(익선동 30-6 운현신화타워 빌딩) 305호
전화 (02) 3675-3885, (063) 275-4000 · 0484
팩스 (063) 274-3131
이메일 sina321@hanmail.net essay321@hanmail.net
출판등록 제300-2013-133호
인쇄 · 제본 신아출판사

ISBN 979-11-5933-094-0 03810
값 13,000원

이 도서의 국립중앙도서관 출판예정도서목록(CIP)은 서지정보유통지원시스템 홈페이지(http://seoji.nl.go.kr)와 국가자료공동목록시스템(http://www.nl.go.kr/kolisnet)에서 이용하실 수 있습니다.(CIP제어번호: CIP2017018090)

Printed in KOREA